LA VIE

DE

SAINT JEAN-FRANÇOIS RÉGIS

Non nobis, Domine, non nobis,
sed nomini tuo da gloriam.

(Ps. CXIII.)

PARIS

LIBRAIRIE CATHOLIQUE INTERNATIONALE
DE L'ŒUVRE DE SAINT-PAUL
6, rue Cassette, 6

1885

LA VIE

DE

SAINT JEAN-FRANÇOIS RÉGIS

S. J. FRANÇOIS RÉGIS S. J.

LA VIE

DE

SAINT JEAN-FRANÇOIS RÉGIS

> Non nobis, Domine, non nobis,
> sed nomini tuo da gloriam.
>
> (Ps CXIII.)

PARIS

LIBRAIRIE CATHOLIQUE INTERNATIONALE

DE L'ŒUVRE DE SAINT-PAUL

6, rue Cassette, 6

1885

A Madame la Supérieure générale
des Religieuses de ***

— *Ma très révérende Mère,*

A vous revient la première pensée de ce livre.

Si j'avais réussi à retracer, au gré des Filles de Saint-François Régis, les vertus héroïques de leur bienheureux Père, ne me serait-il pas permis de croire que Dieu a béni mon travail ?

Veuillez, ma très révérende et bien chère Mère, en agréer l'hommage ; il vous est deux fois dû ; et laissez-moi y joindre l'expression de mes sentiments d'amitié reconnaissante, fidèle et respectueuse en Notre-Seigneur.

Bne DE C.

L'Ortie, novembre 1884.

APPROBATIONS

Montpellier, le 25 février 1885.

Madame la Baronne,

Je suis très avare en fait d'approbations de livres ; non que j'aie la pensée que mon autorité personnelle est de trop grand poids pour être aventurée sans un sérieux examen, mais parce que, ce me semble, une signature épiscopale ne doit recommander que des ouvrages dont la doctrine soit rigoureusement exacte et qui soient eux-mêmes de nature à produire un vrai bien.

J'ai, toutefois, parcouru votre travail sur la vie de saint François Régis avec assez d'attention pour ne pas craindre de vous encourager à le publier. Les souvenirs du passage de ce grand Saint à Béziers, à Montpellier et dans les environs de Sommières sont encore trop vivants pour que je ne salue point avec joie la diffusion d'un nouveau livre, consacré à l'illustre mémoire de cet héroïque religieux, si saintement passionné pour le salut des âmes.

Une branche de la famille de Régis, celle de Gatimel, venue de Valence et de Roquemaure-sur-Rhône, est établie à Nîmes où elle jouit de la plus légitime considération. C'est avec cette branche que, tant du côté paternel que maternel, mes frères et moi, nous avons l'honneur d'être alliés. J'ai ouï dire qu'il y avait encore des Régis dans une ville de l'Ouest, et il y a même un jeune jésuite qui est allié à cette branche de la famille de son glorieux ancêtre dans la Compagnie.

Que votre livre suive donc la pieuse destinée que vous avez rêvée pour lui, et que Dieu récompense par ses meilleures bénédictions votre zèle pour la renommée d'un de ses plus fervents disciples !

Je suis, Madame la Baronne, avec le plus profond respect,

Votre très humble, très obéissant et très dévoué serviteur.

† F.-Marie-Anatole, *évêque de Montpellier.*

Orléans, le 2 mars 1885.

Madame la Baronne,

Il vous appartenait d'écrire la Vie de *saint Jean-François Régis*, et je suis heureux de vous féliciter de votre succès ; vous avez fait, dans un style pur et élevé, un bon livre qui sera lu par tous avec intérêt et profit.

Je voudrais surtout qu'il fût entre les mains de tous ceux qui s'occupent des œuvres de zèle. Vous le dites avec raison : la charité vraie, celle qui procède de l'amour de Dieu et professe le mépris de soi-même, est un sûr moyen de ramener au bien les âmes égarées.

Saint Régis apparaît dans votre ouvrage conduit par cette charité, et il n'est pas une page de son histoire qui ne témoigne de la fécondité de son apostolat.

Que Dieu bénisse votre œuvre, entreprise pour sa gloire, et en assure les fruits !

Veuillez agréer, Madame la Baronne, l'assurance de mon respectueux dévouement.

† PIERRE, *Ev. d'Orléans.*

Rodez, le 5 mars 1885.

MADAME,

J'ai reçu les épreuves de votre *Vie de saint François Régis* que vous avez bien voulu me faire présenter, et je les ai parcourues avec un réel intérêt.

Tout ce qui se rattache à ce grand apôtre me touche de très près, et j'aime à me souvenir avec attendrissement qu'une mère pieuse me consacra à lui de très bonne heure.

Je vous félicite, Madame, d'avoir écrit cette nouvelle Vie qui sera, je l'espère, la vie populaire de notre grand saint Régis.

Au milieu de notre siècle égoïste et intéressé, les exemples de ce généreux apôtre ne pourront produire que les plus heureux fruits.

Je vous prie d'agréer, Madame, l'expression de tous mes religieux sentiments.

✝ ERNEST, Ev. de Rodez.

LA VIE

DE

SAINT JEAN-FRANÇOIS RÉGIS

CHAPITRE PREMIER

LE TOMBEAU D'UN SAINT

Sur la rive gauche du Rhône, à la hauteur de Saint-Vallier, lorsque le voyageur amené par la voie ferrée traverse le fleuve, il laisse derrière lui une plaine étendue et fertile, limitée à son horizon par les Alpes, pour se trouver, en arrivant sur la rive opposée, dans une vallée étroite, resserrée entre le bord de la rivière et les montagnes qui la côtoient.

S'il veut pénétrer dans l'intérieur du pays pittoresque qui se présente à sa vue, il lui faudra, momentanément, renoncer aux moyens rapides et confortables de la locomotion moderne pour revenir à la coutume antique, aujourd'hui peu pratiquée, mais infiniment plus favorable à l'étude et au recueillement que la vitesse du railway : la marche ; ou, si ses forces n'y suffisent pas, la lenteur, presque égale, dans les rudes montées des Cévennes, du pas d'un cheval.

Un chemin de fer, il est vrai, le transportera, s'il le veut, jusqu'à la ville industrieuse et riche d'Annonay ; mais si l'intérêt qui le guide ne lui impose pas la hâte, s'il peut disposer de ses heures ; curieux ou pèlerin, s'il recherche les impressions qui naissent dans la solitude en face des grandeurs et des beautés de sites nouveaux ou familiers à sa vue, il éprouvera incomparablement plus d'attrait pour la route moins parcourue qui mène de Saint-Vallier à Satillieu en laissant sur la gauche le village d'Ardoix et le pèlerinage de Notre-Dame d'Ay.

Longtemps encore, en suivant les nombreux détours du chemin taillé sur le coteau déjà rapide du premier plan des montagnes, il découvrira, pour le perdre et le retrouver tour à tour, le cours majestueux du Rhône dont les sinuosités lui offriront, d'en haut, l'aspect de lacs multipliés.

Dès le début de ce parcours, l'œil est charmé, l'esprit se repose et s'élève ; il oublie même qu'une rencontre, un choc ou la moindre imprudence précipiterait facilement dans l'espace le char léger au conducteur duquel le voyageur s'est confié.

Quelques attelages de bœufs, quelques fermes isolées rappellent seuls que notre riche pays n'a point de déserts et que, partout où la culture est possible, la France est cultivée.

Ces rampes abruptes, d'ailleurs, tantôt boisées, tantôt rocailleuses et nues, conduisent à un plateau riant où les habitations deviennent moins rares et moins pauvres et la culture plus soignée ; et ce n'est plus qu'après avoir traversé le bourg de Satillieu, bâti dans des régions déjà fort élevées, sur une pente rapide de la montagne, que s'accentuent la sévérité des aspects et la pauvreté du sol qui vont croissant jusqu'au sommet où est situé la Louvesc.

Qu'est-ce donc que la Louvesc?

Rien qu'un pauvre hameau dont le nom seul ferait assez entendre que le séjour n'en est pas enviable; et, pourtant, chaque année, la foule des visiteurs qui s'y succèdent sillonne les routes nombreuses par lesquelles on y arrive; et si la grande majorité de ceux qui s'y rendent passe inconnue, des noms anciens, des noms illustres, des noms glorieux y sont inscrits. Ceux qui les portent, comme les pèlerins d'une humble condition, vont là pour rendre hommage à la sainteté d'un tombeau.

Le tombeau, pour les plus célèbres, les plus brillants et les plus aimés sur la terre, est le commencement de l'oubli;

c'est, pour les saints, la révélation de leur gloire, c'est leur triomphe! Et en présence de la mémoire, restée vivante, chez les peuples, de vertus qui, loin d'ambitionner l'éclat, n'ont cherché que l'obscurité, nous nous écrions avec la divine Ecriture : « O mort, où est ta victoire ? »

Vous qui avez quitté la foule pour chercher les sentiers déserts, n'est-ce pas avec l'espérance d'y entendre, dans le silence, une réponse aux interrogations que vous pose la voix intime qui vous attire dans la solitude ? Scrutez donc ici le passé ; et en présence du tombeau, but de votre pèlerinage, prévoyez l'avenir, mais jusqu'au dernier jour, jusqu'à l'heure qui rallume, là où elle est le plus cachée, l'étincelle de la vérité divine.

Alors si, comme le dit l'auteur de l'*Imitation,* vous avez jamais vu un homme mourir ; si vous avez pensé que, vous aussi, vous passerez par la même voie ; si vous vous souvenez que devant la mort, la foi s'est réveillée souvent, mais que

jamais on n'a entendu dire, qu'en ce moment inévitable et redouté, l'âme ait renié
sa croyance, vous comprendrez combien a
été droite, logique et digne d'admiration,
une vie qui, ayant un but, y marche directement, franchissant, sans les regarder,
des obstacles insurmontables à la lâcheté
seulement.

A l'heure où, forcément, il faudra nous
séparer de ce qui nous entoure, quitter les
trésors d'affection qui ont charmé le cœur,
les jouissances d'esprit, les intérêts élevés
ou mesquins qui ont rempli et occupé la
vie; au moment où se déroulera devant
nos yeux ce passé qui nous échappe avec
le présent d'ici-bas, tandis que l'avenir
ne sera plus pour nous qu'au delà du
tombeau dont le froid et la solitude vont
recevoir notre corps enseveli ; ah ! quand
viendra nous saisir cette heure qui pré-
cédera de si peu l'instant qui doit nous
soumettre au jugement de Dieu, vou-
drions-nous avoir vécu comme les saints
ou comme les indifférents ?

Pour mourir de la mort des saints, il faut vivre de leur vie. Et quand une âme a vécu de la vie vivante et féconde que découvrent les révélations du christianisme aux besoins de son esprit, de sa raison et de son cœur, hors de là, pour elle, tout est froid et mort ; mais tout, en sa foi, se colore et s'anime ; elle y puise le courage de tout supporter, de tout souffrir, de tout donner et de faire, d'un héroïsme qui ne se dément pas, l'habitude la plus douce pour les autres et pour elle-même. .

Aussi voyons-nous les saints ne pas s'enorgueillir et conserver, dans leurs actions les plus sublimes, la merveilleuse humilité qui nous surprend.

L'amour passionné de Dieu est le fait dominant en toute vie sainte. Dans quelques-unes, le trait divin pénètre à travers les larmes de la pénitence qui lui impriment, sans nul doute, une grande force : ce n'est pas vainement que Notre-Seigneur l'a montré dans la question du débiteur posée à Pierre et dans la réponse de l'apôtre (1).

Mais cet amour n'acquiert-il pas, dans un cœur resté toujours pur. sinon une énergie plus grande, un parfum plus délicat ? N'éveille-t-il pas une plus tendre confiance ? Des communications plus abondantes n'en sont-elles pas la récompense ?

Nous le voyons dans les faveurs et l'abandon réservés par Notre-Seigneur à l'apôtre vierge et aimé.

Ah ! certes, pour les cœurs qui n'ont pas connu d'autre amour, il est, dans le cœur sacré de Jésus. des privilèges glorieux ; la flamme qui les consume est pure de tout alliage ; elle monte sans cesse et s'élève assez haut pour n'avoir plus à redouter les souffles qui pourraient l'éteindre ou en affaiblir la lumière.

Jean-François de Régis est une de ces âmes choisies, restées sans tache dès la grâce reçue du baptême, et je ne sache

____

(1) Luc, VII, 40-43.

pas de plus parfait modèle à proposer à l'âme qui n'a pas limité l'empire à laisser prendre au Dieu seul capable et seul digne de la satisfaire.

CHAPITRE II

LA FAMILLE DE SAINT RÉGIS ; SA NAISSANCE

Fontcouverte est une bourgade, presque un hameau du Bas-Languedoc (1). Un Concile, désigné sous le nom de troisième Concile de Narbonne, s'y tint en l'année 911, réunissant quatorze évêques, parmi lesquels on comptait saint Gimer, dont l'épiscopat illustra le siège de Carcassonne.

Fontcouverte, situé entre Carcassonne et Narbonne, dans la vallée d'Alaric, doit son nom à une fontaine dont il est fait mention dès l'an 829, dans une charte de Louis le Débonnaire, confirmant au comte

(1) Département de l'Aude.

Borel le don fait en sa faveur, par Charlemagne, du lieu dit Fontcouverte.

C'est là qu'au seizième siècle, la famille de Régis, aussi considérable par sa piété que par sa noblesse (1), vint établir sa demeure. La race des Desplas vit sa branche cadette, sous le nom de Régis, se fixer en Languedoc où elle avait des biens, tandis que, conservant l'héritage principal de ses pères, la branche aînée demeura dans le Rouergue où sa noblesse était illustre.

Un des titres les plus précieux dont cette noble famille eût à se glorifier fut sa fidélité constante à la religion véritable, dans un temps où le calvinisme répandait partout ses erreurs et faisait, particulièrement dans le Languedóc, de nombreux prosélytes.

Inviolablement attachés au catholicisme, les Régis le soutinrent toujours, même aux dépens de leur existence.

« Le saint homme dont nous écrivons

_____

(1) Les Régis portaient de gueules à l'aigle éployé et couronné, cantonné de trois trèfles d'or.

la vie », dit un des premiers historiens (1) de saint Régis, « le saint homme de qui « nous écrivons la vie en apporta un « jour, en prêchant, l'exemple suivant « pour apprendre aux jeunes gens le « respect qu'ils doivent avoir pour les « volontés de leurs pères.

« Villemur est une petite ville assise sur « le Tarn, aux confins du Quercy et de « l'Albigeois, laquelle avait une forte gar- « nison de calvinistes. Scipion de Joyeuse, « grand prieur de Toulouse, de l'Ordre de « Malte, l'assiégeait. Toute la noblesse « catholique se rendit au camp, et, parmi « elle, tous les enfants de Jean Régis. « Leur père y avait consenti bien volon- « tiers, mais il voulut retenir l'aîné, afin « que si les affaires tournaient mal, il « eût au moins un de ses enfants pour le « soulager dans sa vieillesse et pour ne « pas laisser éteindre son nom. Néan- « moins le zèle de la religion et la passion

(1) Le P. Bonnet; vie composée en latin et traduite en français. Lyon, 1694.

« de se signaler par les armes aussi bien
« que ses frères furent plus forts que le
« devoir de l'obéissance. Le père, dans sa
« colère, lui dit quelques paroles bien
« fortes d'imprécation : — Va, lui dit-il,
« va où t'appelle ton malheur ; mais ne
« pense pas, misérable, de remettre le
« pied dans ma maison ; car je suis fort
« résolu de t'en fermer la porte pour tou-
« jours et de ne te revoir jamais.

« A peine ce jeune homme fut arrivé au
« camp que les calvinistes firent une si
« furieuse sortie qu'ils forcèrent les lignes
« des assiégeants. Il fut tué en cette occa-
« sion, défendant son poste en homme de
« cœur, et enterré dans un champ. Les
« choses ayant été pacifiées, un jour qu'une
« bergère paissait son troupeau dans ce
« champ, une ombre tout ensanglantée lui
« apparaît et lui dit qu'un membre de la
« maison de Régis de Fontcouverte était en-
« terré sous les gazons mêmes qu'elle fou-
« lait aux pieds, la priant d'en avertir les
« parents qu'il avait à Villemur afin qu'ils

« fissent tirer les ossements de cette terre
« profane et les envoyassent à son pays
« pour les faire mettre en terre sainte.

« Les parents ayant reçu cet avis, firent
« chercher le corps et l'envoyèrent au
« père du défunt. Il fut reçu à l'entrée de
« la ville avec les cérémonies ordinaires
« de l'Eglise par le clergé, toute la parenté
« et une grande affluence de monde. Mais,
« chose admirable, lorsque la pompe fu-
« nèbre passa devant la maison du père,
« le cercueil, par une vertu invisible, de-
« vint si pesant et ceux qui le portaient
« si faibles et si engourdis qu'il leur fut
« force de s'arrêter ; les assistants furent
« surpris d'un si grand étonnement qu'ils
« se mirent tous à crier au miracle. Le
« père s'aperçut aussitôt de la véritable
« raison de cet événement extraordinaire,
« et que c'était un effet de la justice divine
« qui voulait faire un exemple contre la
« désobéissance des enfants. Là–dessus,
« levant les yeux au ciel : « Je lui pardonne
« bien volontiers cette faute, dit-il ; vous

« donc, ô mon Dieu ! je vous prie de la lui
« pardonner aussi. » Ensuite on emporta
« facilement le corps au sépulcre de ses
« pères.

« Je sais bien qu'il y a certains esprits
« forts qui renvoient ces apparitions et
« ces miracles au nombre des choses
« chimériques ; mais je pense bien que
« la raison veut que l'on en croie au
« P. Régis, un homme si saint, qui a
« raconté une chose qu'il a pu voir de
« ses yeux et qui l'a apprise de son
« grand-père et de plusieurs témoins qui
« l'avaient vue.

« Voilà donc, dit en terminant le Père
« Bonnet, de quelle extraction était le
« P. Régis ! »

Ce fut un vendredi, le 31 janvier 1597,
que naquit à Fontcouverte, de Jean de
Régis et de Madeleine d'Arcies, fille du
seigneur de Ségur, Jean-François, leur
troisième fils.

CHAPITRE III

Toute grande pensée, toute grande action naît d'un regard attentivement fixé sur le but. L'attrait des grands cœurs pour le vrai, pour le beau, pour la gloire, fait les artistes, les poëtes et les héros. La contemplation de l'éternelle beauté et de la vérité unique et révélée, l'intelligence profonde, complète du sacrifice sont le principe de la sainteté, la source de cette activité qui, dans les âmes saintes et dans les grandes âmes, « va immédiatement de la pensée à l'œuvre, du dessein au fait. »

Attacher et captiver par le charme d'une tendresse inconnue de ceux auxquels

Dieu est étranger, c'est le don particulier des saints. Faire goûter ce charme, c'est le but que se propose l'écrivain d'une vie sainte. Nul doute que sa pensée ne soit comprise des âmes pieuses; leurs sympathies lui sont acquises et ce lui est une heureuse fortune de faire battre à l'unisson du sien les cœurs où la foi réside. En faisant revivre, telle qu'elle lui est apparue, l'incomparable charité, l'ardeur infatigable, la beauté, l'unité d'une existence vouée tout entière à l'amour de Jésus-Christ et à l'amour des âmes pour Dieu, il voudrait davantage.

Mais c'est du récit même que doit sortir la lumière; la vie de saint François Régis n'offre pas d'incidents dont la variété soit un attrait, et l'intérêt, pourtant, en est vif et soutenu pour l'œil attentif au développement toujours croissant en lui de la vie surnaturelle.

Saint Régis eut une mère pieuse; comme saint Louis, comme saint Augustin, comme saint Chrysostome et d'autres parmi les saints, il reçut du cœur maternel ses premiers enseignements.

Issu de parents plus distingués encore par leur piété que par leur naissance, ceux-ci n'eurent « rien tant à cœur que de le bien élever. »

Un fait signalé dans les actes relatifs à sa canonisation fit d'ailleurs augurer au père et à la mère de Jean-François que cet enfant était chéri de Dieu et que sa Providence veillait particulièrement sur lui.

« A peine régénéré par les eaux sacrées, « le malin esprit attenta à sa vie, se « doutant peut-être, comme il fut bien « vrai, dit naïvement le P. Bonnet, que « cet enfant ferait une forte guerre à « l'enfer et lui arracherait bien de la « proie. »

« Or l'enfant, après son baptême, repo- « sait dans son berceau et sa nourrice était « endormie près de lui ; s'étant éveillée « sur le minuit, elle trouva la lumière « éteinte contre l'ordinaire, et voulant

« prendre son nourrisson pour l'allaiter,
« elle ne le trouva pas dans son berceau.
« Elle se met à crier, tout alarmée, que
« l'enfant était perdu ; tous ceux de la
« maison accourent saisis de crainte : on
« cherche par toute la chambre ; enfin, on
« trouve l'enfant sous le lit de la nourrice,
« développé de ses langes, mais sans aucun
« mal. »

Suivant une tradition demeurée dans le pays, cet incident se renouvela jusqu'à trois fois, et chaque fois Jean-François fut relevé « *sain* et *gaillard.* »

« Ce petit innocent faisait déjà peur au
« diable », dit à ce propos le P. de la
Broüe, « et il lui eût fait un mauvais
« parti si quelque ange du ciel ne l'en
« eût empêché et si la Providence de Dieu
« n'eût veillé sur son salut pendant que
« sa nourrice dormait. »

Un jour, il n'avait encore que cinq ans, et sa mère le tenait par la main ; le petit François la suivait en sautillant comme font les enfants, nous apprend encore un

de nos vieux auteurs, quand tout à coup
il s'arrête, disant qu'il serait damné.
« Dieu vous préserve, mon fils, de ce plus
« grand des malheurs », lui répond aussitôt
sa mère ; et cherchant à mettre à la portée
de son intelligence les termes dont elle
se sert, elle fait entendre à son fils que la
rigueur et la durée des peines de l'enfer,
et la séparation d'avec Dieu qu'elles com-
portent, doivent pénétrer l'âme d'un
redoutable effroi. Et l'enfant est tellement
saisi de cette pensée de l'éternité malheureuse qu'il tombe en défaillance.

« Il ne fut pas plus tôt sevré du lait de
« sa nourrice que des inclinations puériles
« du premier âge ; l'esprit de Dieu s'empara
« de si bonne heure du cœur de Jean-
« François Régis que ceux qui l'ont vu
« de près, dans son enfance, ont depuis
« déposé juridiquement que la piété qui
« avait paru naître avec lui n'eut jamais
« en lui rien de puéril, et qu'un fonds de
« raison, soutenu d'un goût sensible, mais
« solide, pour les choses de Dieu, fit dès

« l'âge le plus tendre son caractère parti-
« culier. »

Il avait à peine six ans quand son
précepteur remarqua que s'il lui arrivait
de déplaire à ses parents, il n'acceptait
aucune consolation, et qu'une parole
sévère, ou même une simple contraction
des sourcils, faisait couler ses larmes en
abondance.

Quoique, par nature, il ne fût pas timide,
la menace le consternait au point de le
rendre incapable de travailler ; sa mère,
qui l'observait, s'en étant aperçue et
voyant qu'avec un maître trop sévère il
avançait lentement dans ses études, demanda et obtint du professeur un changement de méthode. Des procédés plus
doux furent immédiatement couronnés
de succès, et l'enfant fit des progrès
rapides qui dépassèrent même l'espérance
de ses parents.

Une nature tendre et forte, ardente et
contenue se révélait dès ces premières
années.

CHAPITRE IV

ANNÉES D'ÉTUDES

Vers l'an 1609, l'aîné de la famille de Régis quittait la maison paternelle pour mettre au service des catholiques le secours de son bras, et son frère puîné le suivait peu après, tandis que Jean-François fut envoyé par ses parents au collège que les Pères Jésuites venaient de fonder à Béziers.

Ses frères défendirent vaillamment la religion par les armes, au péril de leur vie, sans qu'on prévît alors que lui-même en deviendrait, par la suite, une des plus vives lumières ; et cependant, dès ses débuts dans cette carrière d'écolier qui, d'ordinaire, présente tant d'écueils à la jeunesse, on put dire de lui ce que saint Grégoire de Nazianze disait de saint Basile, « qu'avant le temps de la sagesse « et de la maturité, il ne faisait pas d'ac- « tion qui ne fût sage et sérieuse et qu'il « n'y avait guère que deux chemins dans « la ville où l'on rencontrât son ami : « le chemin de l'église et celui du col- « lège (1). »

A Béziers, il se distingua autant par sa vertu que par la pénétration de son esprit ; l'étude et la prière se partageaient son temps ; l'office divin, la lecture des livres de piété et la méditation des vérités éternelles lui tenaient lieu de délassement et de repos.

« Le respect qu'il portait à l'église ne « lui permettait de demeurer en ce saint « lieu qu'à genoux, avec un visage si « recueilli, et une modestie si agréable « qu'il ne fallait que le voir pour être « touché de dévotion. Jamais, en aucun

(1) P. de la Broüe.

« temps, les respects humains ne lui ont
« fait perdre une messe, une communion,
« un chapelet, ou quelque bonne œuvre
« que le Ciel lui inspirait, et il fut assez
« heureux pour que cette conduite fût
« honorée de ses compagnons. Il s'était
« acquis parmi eux une si haute estime
« et tant de pouvoir qu'il était l'arbitre
« de leurs querelles et le pacificateur
« de leurs petits différends ; et quoique la
« piété dont ce jeune écolier faisait une
« profession ouverte lui eût attiré d'abord
« quelques railleries de la part de ceux
« de son âge, sa constance les força bien-
« tôt de l'estimer : de l'estime, ils pas-
« sèrent à une véritable vénération et
« plusieurs même lui donnèrent toute leur
« confiance. Il profita de ces dispositions
« pour gagner à Dieu un assez grand
« nombre de ses condisciples, et l'on peut
« dire que ce fut dans les classes qu'il fit
« ainsi les premiers essais de son apos-
« tolat.

« Sans se rendre fâcheux à ceux qui le

« fréquentaient, il savait se montrer sé-
« vère contre le vice ; et quoique sa conver-
« sation fût si douce qu'elle était aimable
« aux plus dédaigneux, elle était néan-
« moins si sainte qu'il était respecté des
« plus effrontés.

« Pour reprendre ouvertement ce qu'il
« n'approuvait pas en secret, je ne sais
« quel tempérament de franchise et de
« bonté adoucissait ses réprimandes et
« faisait que les plus extravagants rece-
« vaient de sa bouche ce qu'ils n'eussent
« pu entendre sans murmurer de celle de
« leurs maîtres (1). »

Sa vertu lui avait d'ailleurs acquis une
telle autorité sur ses compagnons que s'ils
tenaient entre eux quelques discours contraires à la bienséance, aussitôt que paraissait Régis ils s'avertissaient les uns
les autres en se mettant le doigt sur la
bouche pour marquer qu'il fallait tourner
la conversation à des choses honnêtes. Et

(1) P. de la Broüe.

s'il arrivait que, malgré sa présence, l'un d'eux poursuivît un discours licencieux, Régis le lui reprochait de si bonne grâce et si à propos que l'on prenait ordinairement ses avis en bonne part et que l'on parlait avec plus de modestie.

« La justice aussi lui était déjà si chère
« en un âge où l'intérêt ne la connaît
« presque pas, qu'il n'eût su faire le
« moindre tort à personne, et je sais, dit
« son plus ancien historien, qu'ayant fait
« gageure sur un différend qu'il eut pour
« un mot latin avec un des élèves de sa
« classe, comme il reconnut quelque temps
« après qu'il s'était mépris, il fit donner
« fidèlement à son camarade la somme
« convenue, sans que l'autre pensât à la
« demander, s'humiliant d'un côté par
« l'aveu de son ignorance, et pratiquant de
« l'autre une intégrité légale qui se voit
« rarement parmi les enfants (1). »

On raconte que pendant son séjour à

(1) P. de la Broüe.

Béziers, revenant un matin de voir pêcher dans la mer avec quelques-uns de ses condisciples, il courut un grave danger. La chaleur était accablante : fatigué par la marche sous un ardent soleil, le jeune étudiant s'endormit auprès d'un monceau de gerbes. Pendant son sommeil, il se lève et recommence, tout endormi, à se promener dans la campagne. Arrivé sur le bord de la rivière d'Olbe, près d'un endroit où se trouvait un gouffre très profond, un pas encore le précipitait dans l'abîme dont il ne fût jamais sorti ; mais alors il s'éveille et voit avec étonnement à quel péril il vient d'échapper. Rempli d'une vive reconnaissance, il rendit mille grâces à Dieu et à son ange gardien à qui il devait, pensait-il, un si bon office, et il pria ses compagnons de le remercier avec lui.

Quelques-uns de ses biographes ont cru que dès ce jour naquit en son esprit le dessein de consacrer au service de Dieu une vie si providentiellement, et l'on peut dire si miraculeusement conservée.

L'autorité de sa vertu avait attiré vers lui ceux de ses compagnons d'étude qui avaient le même goût pour la piété; il s'était lié plus particulièrement avec six d'entre eux, et tous demeuraient ensemble dans la même maison; car le collège offrait aux écoliers ses cours et la direction morale et spirituelle des maîtres qui en étaient chargés, mais il ne réunissait pas sous son toit les élèves, obligés de pourvoir ailleurs à leur logement et à leur nourriture.

Régis était le chef de cette troupe d'élite, l'ordonnateur et le régulateur de la vie que menaient en commun ces jeunes gens. Leur temps était si sagement et si laborieusement employé qu'ils se refusaient même, pour ne pas se mêler à de moins scrupuleux, un plaisir en apparence bien innocent : celui d'attendre l'heure de la classe réunis avec la plupart des écoliers, sur une terrasse, en vue de la mer; plaisir qui, sous le ciel du midi et dans le beau climat qui fait de la ville de Béziers une des résidences les plus renommées de la contrée, offrait un délassement non dépourvu d'attrait.

La dévotion envers la sainte Vierge était une des bases fondamentales de la société créée par le jeune Régis ; la piété et le jugement prématuré de celui qui l'avait instituée lui acquirent sur ses membres un ascendant qui ne se démentit jamais pendant la durée de leur association.

Ainsi vécut jusqu'à l'âge de dix-huit ans, dans l'obscurité studieuse et modeste d'une vie pieuse et cachée, allant à la perfection chrétienne avec une incroyable ardeur, celui qui, dans l'épanouissement de ses facultés ainsi cultivées, a su conquérir à Dieu des milliers d'âmes retirées de l'hérésie, du vice ou de l'ignorance. C'est dans la prière, dans la méditation, dans la communication constante avec Dieu que s'épanche et se fortifie, pour se préparer à sa tâche, cette âme dont la foi devait briller avec éclat. Dès son entrée dans la carrière, elle aspire au dévoûment absolu, et parce qu'elle possède la foi avec abondance, elle l'enseigne avec fruit.

Le mépris continuel des exigences du corps, l'oubli complet de toute satisfaction sensuelle ou personnelle, le sacrifice renouvelé du bien-être et du repos à la seule joie que puisse ressentir l'âme dont la charité grandit à chaque pas qui l'avance vers Dieu, et pour laquelle l'immolation devient la jouissance unique et suprême, voilà la vie des saints.

« La terre est désolée », s'écriait autrefois le prophète Jérémie, « parce qu'il n'y « a personne qui se recueille et qui pense « en son cœur (1). »

Cette parole de l'Esprit-Saint, si applicable à tous les âges troublés qui se rencontrent dans la vie des peuples, blâme encore aujourd'hui ce qu'elle condamnait alors.

Mais dans les temps où Dieu semble oublié, comme aux jours signalés par le

____

(1) Desolatione desolata est omnis terra, quia nullus est qui recogitet corde. (XII, 11.)

prophète des larmes, il se trouve des âmes vaillantes qui pensent et veulent fortement, par lesquelles se prépare en silence le jour de la réparation.

Devant la constance et la fermeté de ses vrais et fidèles serviteurs, Dieu aplanit les voies. Les saints mettent en lui leur confiance, leur attente n'est pas trompée.

Jean-François de Régis naît d'une famille noble, mais c'est pour renoncer aux privilèges de la noblesse ; s'il n'entre pas, comme ses frères, dans la carrière des armes, sa vie ne sera pas exempte de combats ; mais il vaincra par sa parole et par sa foi, par son exemple, par sa pauvreté volontaire, par son amour pour Dieu et pour les âmes : il est apôtre.

Au sortir d'une maladie grave et qui mit ses jours en danger, Régis entendit l'appel qui fixa sa résolution de consacrer au service de Dieu une vie qui, pour la seconde fois, avait failli s'éteindre dans sa fleur.

Sa patience à souffrir et sa fidélité à se

montrer en tout parfaitement résigné à ce qui lui semblait la volonté manifeste de Dieu, firent de lui, pendant le cours de cette maladie, un modèle aussi parfait dans la souffrance qu'il l'avait été par sa vertu active dans la santé ; et sa douceur aimable et son ardente charité s'y montrent toujours inséparablement unies.

« Pendant qu'il était retenu dans sa
« chambre, il demandait à ceux de ses
« amis qui venaient le visiter de vouloir
« bien lui faire la lecture d'un chapitre
« de quelque livre pieux ; ceux qui y con-
« sentaient n'étaient fâchés en rien ; pour
« ceux que ce désir paraissait contrarier,
« il les priait si suavement qu'ils en
« étaient touchés, et qu'après avoir lu ils
« s'en allaient contents. »

« J'ai su cela », dit le P. de la Broüe,
« d'un de nos Pères qui, étant alors com-
« pagnon de ses études, rendit quelquefois
« à François malade cette charité que,
« d'ordinaire, les enfants n'exigent pas les
« uns des autres. »

CHAPITRE V

Dans un cœur ainsi préparé, toujours docile à l'enseignement du devoir, le voyant aux sommets, et répondant toujours à l'appel intérieurement entendu, la lumière dut apparaître sans ombre et sans laisser un doute sur sa vocation. Toutefois, durant son dernier séjour dans sa famille, vers la fin de ses études, ne voulant pas encore découvrir son secret, Régis prit part aux plaisirs mêmes dont il s'était jusqu'alors abstenu, et il fit, avec ses frères et les jeunes seigneurs voisins de Fontcouverte, plusieurs parties de chasse et des courses à cheval. De retour à Béziers, afin de s'assurer qu'il ne s'enga-

gerait pas témérairement ou présomptueu-
sement dans la carrière où le poussaient
ses désirs, il mûrit son projet dans une
sérieuse réflexion, et c'est après l'avoir vu
approuvé de son confesseur et de ceux qui
avaient été ses maîtres, qu'il sollicita du
Père Provincial, Jean-François Suarez, la
faveur d'être admis dans la Société de
Jésus, à l'époque où ce Père vint visiter
le collège.

Sa résolution prise, il n'avait pas à
rompre des liens qui, depuis longtemps,
étaient pour lui dénoués ; envoyé à Toulouse pour commencer son noviciat le
8 décembre 1616, « on ne peut dire la joie
« qu'il éprouva, après son entrée dans la
« maison de Dieu, de s'y voir à l'abri des
« périls de la vie du monde (1). » Rendant
grâces au Seigneur de l'immense bienfait
qu'il regardait comme supérieur à tout
autre, ni le temps, ni l'habitude, ni la
sévérité dont on a coutume d'user en ces

____

(1) P. de la Broüe.

années d'essai ne purent refroidir son ardeur non plus que diminuer l'opinion que ses supérieurs avaient conçue de lui.

Nous laissons ici la parole au premier de ses historiens (1) :

« Le maître des novices n'avait d'autre « peine auprès de lui que de modérer ses « ferveurs ; et son cœur était si souple à « sa direction, il découvrait son intérieur « avec une candeur et une sincérité si « aimables qu'elles semblaient tenir de la « première innocence. Son humeur douce « le rendait si agréable à ses compagnons « qu'il ne fallait que le voir pour n'être « plus tenté de mélancolie ; et il leur était « si plein de déférence qu'il n'eût su traiter « les anges avec plus de respect. Quand il « pouvait leur rendre quelque service, il « s'y portait avec des tendresses et des « affections extrêmes.

« Quoique les novices aient ce défaut », ajoute notre vieil auteur, « qu'ils se scan-

(1) P. de la Broüe, ch. IV.

« dalisent facilement, et censurent sans
« raison ce qui n'est pas à leur idée, Régis
« ne blâmait jamais les actions des autres,
« et, ce qui est merveilleux dans une
« conscience tendre comme la sienne, il
« trouvait toujours bon ce qui n'était pas
« évidemment mauvais. Les saints ont
« tous cet esprit d'amour et de charité qui
« sait excuser même les manquements
« véritables, bien loin de condamner,
« comme le font quelques-uns, les actions
« indifférentes et de prononcer hardiment
« contre les intentions même les plus
« secrètes. Le P. Régis a été si excellent
« toute sa vie, qu'on n'a jamais remarqué
« qu'il ait trouvé à redire sur les hommes,
« sur les inclinations, sur les façons de
« faire, les discours et les déportements
« de ceux qui conversaient avec lui. Jamais
« homme ne fut plus ingénieux à voir sous
« des couleurs avantageuses et à exempter
« du reproche ceux qui semblaient avoir
« quelque teinture du vice.

« Il appelait belle humeur ce qu'un autre

« aurait appelé du nom de libertinage ; il
« prenait pour récréations innocentes ce
« qui pouvait être pris pour des légèretés
« puériles ; les vanités lui apparaissaient
« des franchises, et ce qui pouvait passer
« pour des traits d'amour-propre ou de
« sensualité n'était dans sa pensée qu'une
« surprise ou une pure nécessité. Ainsi sa
« charité canonisait tout le monde, et quel-
« que clairvoyant qu'il fût pour remarquer
« ses propres défauts, il n'avait point
« d'yeux pour apercevoir les manquements
« de ses frères. »

Il unissait l'attrait des choses ascétiques
à la force qu'exige la vocation des hommes
apostoliques dans un âge où se dominer
est une œuvre à peine ébauchée, quand
elle est même entrevue, et « il savait si
« bien faire le mélange d'une belle humeur
« et d'un extérieur ouvert avec une par-
« faite modestie que, sans permettre à ses
« sens de s'épancher sur des objets inutiles
« ou de courir légèrement çà et là, il leur
« laissait cette honnête liberté qui rend la

« conversation agréable et qui est néces-
« saire pour s'acquitter dignement des
« plus nobles fonctions de la vie active. »

Mais Régis passait à prier le temps que laissait libre la règle du noviciat; lorsqu'il était avec ses condisciples, les excitant à la piété par ses discours fervents, plusieurs d'entre eux, dès cette époque, le regardèrent comme un saint et tous le respectaient comme donnant l'exemple des plus grandes vertus. « Tous les devoirs de la « vie religieuse paraissaient si conformes « à son humeur qu'il semblait avoir peine « à ne pas faire ce que les autres ne font « qu'avec des répugnances extrêmes (1). »

Il maltraitait tellement son corps dans l'exercice de la pénitence que les novices en étaient stupéfaits; et quelques-uns d'entre eux ayant remarqué qu'il restait, la nuit, de longues heures absent de sa cellule, en adoration devant le Saint-Sacrement, ils crurent devoir avertir le

(1) P. de la Broüe.

supérieur de ce qu'ils pensaient être une faute contre l'obéissance. Mais la permission qu'avait reçue François d'employer ce temps à son gré fut confirmée par la réponse du supérieur : « Laissez, dit-il à ceux qui lui parlaient, laissez sans la troubler cette âme sainte s'entretenir avec son Dieu. »

Aussi, malgré sa jeunesse, sa maturité était grande, et un homme considérable dont l'expérience et la piété appréciaient et admiraient l'ardeur de son zèle lui accorda-t-il sa confiance avec son amitié.

Il y avait alors au noviciat un ancien conseiller au parlement de Toulouse, retiré du monde et résolu de ne vivre que pour Dieu. L'âge de M. Arnaud Boret ne lui permettait plus de penser à embrasser les règles de la vie religieuse, mais il avait demandé et obtenu la faveur de fixer dans la maison des Pères Jésuites le lieu d'une retraite dont il ne sortait plus.

Il fut, pour la jeunesse de François Régis, un ami précieux qui distingua promptement, derrière le voile de son humilité, ses éminentes vertus. Doué, en effet, à la fois des avantages que procure une naissance distinguée jointe à une intelligence d'élite et à une éducation supérieure, Régis était porté déjà vers cette charité parfaite qui, dans la suite, l'inclina toujours à faire choix d'un ministère qui le mît en contact avec les plus grossiers esprits ; car s'il aimait les pauvres comme les ont aimés les saints, voyant en eux la personne même de Jésus-Christ. Il y voyait aussi les délaissés que le Sauveur appelait au partage du céleste royaume, et les aider à le connaître pour le mériter fut une des ardentes aspirations de sa vie tout entière. « Laissez-moi », disait-il plus tard, « instruire et confesser les pauvres, « car les riches ne manquent jamais de « prédicateurs ni de confesseurs, mais les « pauvres sont souvent oubliés. »

« Aussi ne se plaisait-il pas », lisons-nous dans les récits du P. de la Broüe, « à voir « son confessionnal assiégé de soie et de

« brocatelle, et on ne le voyait dans les
« maisons des grands que lorsque la charité
« lui avait persuadé qu'il y serait plus
« utile au salut du prochain et à la gloire
« de Dieu que dans les hôpitaux et les
« prisons. »

Pour moi, je ne sais rien de supérieur à
cette charité, sinon celle d'une âme vouée
à la plus intacte pureté, qui ne redoute
pas les approches du vice pour ramener à
la vertu les cœurs flétris et tombés.

« Il n'est pas croyable », nous dit encore
l'auteur déjà cité, « avec quelle soumission
« il s'efforçait de vaincre l'obstination des
« personnes les plus viles ; il leur parlait
« avec des termes pleins d'honneur et de
« respect, et avec des déférences et des
« civilités qui les couvraient de honte et
« de confusion et amollissaient les cœurs
« les plus endurcis. Aussi ai-je ouï dire à
« plusieurs personnes dignes de foi, qu'à
« le voir traiter avec des perdues pour les
« tirer du bourbier, on eût dit qu'il parlait
« à des reines, tant il était excessif à les

« honorer pour rendre ses paroles plus
« efficaces. »

Telles sont les œuvres qu'a exercées
saint Régis avec le plus de zèle et de
persévérance.

Dans un temps où l'idée du devoir, la
notion du vrai, la distinction entre le mal
et le bien sont amoindries, devant la triste
confusion répandue dans les esprits, pous-
sés vers les aspirations matérielles dont
la satisfaction est revendiquée comme un
droit et dont la répression est de plus en
plus ignorée, il est éminemment utile de
méditer l'exemple d'un dévoûment qui
ne recule devant aucune fatigue ni aucune
humiliation, l'exemple d'un amour qui ne
faiblit pas dans l'épreuve et que nulle
peine ne rebute.

L'erreur et l'ignorance ne sauraient
être vaincues que par la plus droite, la
plus saine, la plus haute raison ; l'envie
et la haine que par le plus entier désin-
téressement, par le plus généreux dévoûment.

Et si la vraie grandeur des grands esprits c'est de servir les autres (1), c'est surtout la grandeur des saints. L'humilité chrétienne, le sentiment profond qu'ont les saints d'être des instruments entre les mains de Dieu, des serviteurs qui ne travaillent que pour leur maître, mais des serviteurs dévoués uniquement, sans trêve, sans repos, sans aucun ménagement pour eux-mêmes, à la tâche qui leur est confiée, c'est le moyen.

Celui dont nous écrivons ici l'histoire a laissé, partout où il s'est montré, des traces ineffaçables, empreintes encore après deux siècles et demi sur le sol qu'ont foulé ses pas; c'est dans la fidélité traditionnelle qui en a consacré l'honneur que nous avons surtout cherché à faire voir, à ceux qui voudront bien nous suivre dans l'étude de cette vie sainte, la richesse des dons accordés par Dieu à l'un de ses grands serviteurs, et la profusion généreuse avec

(1) P. Gratry.

laquelle celui-ci, à son tour, a su les répandre et les faire fructifier.

L'église de Saint-Saturnin (Saint-Sernin) à Toulouse, dédiée au premier apôtre de la foi chrétienne en Languedoc, est remarquable par la quantité des corps saints qu'elle renferme et qu'elle offre à la vénération des fidèles. En présence de ces restes des premiers témoins de Jésus-Christ et des martyrs des anciens âges, Régis sentit s'accroître sa ferveur et le désir de donner, lui aussi, des gages de son dévouement à la religion en portant aux infidèles la parole de l'Evangile, désir qu'il conserva longtemps sans qu'il le vît réalisé tel qu'il l'avait conçu ; mais un apostolat non moins pénible et des plus fructueux l'attendait en France.

Encore novice, il fut envoyé à Auch pour y remplacer, dans sa classe, un régent malade ; c'est dans cette ville qu'il prononça ses vœux, le 9 décembre 1618.

CHAPITRE VI

ADMIRABLE CONDUITE DE SAINT FRANÇOIS
RÉGIS DANS LE PROFESSORAT. FIN DE SES
ÉTUDES DE PHILOSOPHIE ET DE THÉOLOGIE.

Après avoir pris l'engagement d'appartenir sans retour et sans partage au service de Dieu, et de se dévouer à sa gloire sous la direction de ses Supérieurs, Régis fut envoyé à Cahors, puis, l'année suivante, à Tournon, et après sa philosophie, successivement à Billom, à Auch et au Puy.

Partout où l'enseignement de la jeunesse lui fut confié, il s'acquitta de son emploi avec la perfection exigée des professeurs de sa compagnie par le saint fondateur de la Société de Jésus; et il y fit paraître le germe des travaux apostoliques auxquels il entrait dans les desseins de la Providence de l'appeler à s'exercer un jour.

On reconnaissait ses élèves à leur piété, à leur gravité, à leur bonne tenue. Former des jeunes gens aux sciences n'était pas la principale fin qu'il se proposât, quoiqu'il s'y appliquât avec tout le soin imaginable ; il avait surtout en vue d'en faire des saints.

« De temps en temps, interrompant ses
« explications lorsqu'il faisait sa classe,
« il suspendait le travail de ses écoliers
« pour leur inspirer et leur faire partager
« cet amour de Dieu qui présidait à toutes
« ses actions, et l'on voyait alors, à son
« air enflammé, combien il goûtait de
« plaisir en parlant sur ce sujet (1). »

« Ses élèves eussent été tous de petits
« monarques », dit le P. de la Broüe (2),
« qu'il n'aurait su apporter plus de soin

(1) P. A. de la Neuville.
(2) Ch. VI.

« à leur conduite et à leur éducation, et
« comme si chacun d'eux eût été choisi
« du ciel pour procurer un jour la félicité
« des peuples ou remplir les premières
« places de l'Eglise ou de l'Etat politique,
« il les cultivait tous avec une application
« et une diligence prodigieuses, sans ja-
« mais se lasser ni témoigner d'ennui,
« quelque peine qu'il fallût prendre au-
« près d'eux et quelque sujet de mécon-
« tentement que leur humeur ou leur
« négligence lui pût donner. »

C'est avec des tendresses de mère qu'il
les aimait, et Jacques Gigon, l'un d'eux,
qui devint dans la suite conseiller au pré-
sidial du Puy, ayant été attaqué d'une
dangereuse maladie, son charitable régent
ne le quittait que quand son devoir l'appelait ailleurs. Un jour qu'on désespérait
de la vie de cet enfant, Régis trouva toute
sa famille en pleurs et en fut extrêmement
touché ; un moment après, il s'approche
du malade, fait sur lui le signe de la croix,
prononce, en homme inspiré, une fer-

vente prière, puis d'un ton ferme et assuré : « Mon fils », lui dit-il, « vous guéri-
« rez ; Dieu veut que vous le serviez désor-
« mais avec plus de ferveur que par le
« passé. » A peine eut-il achevé, dit l'auteur auquel nous empruntons ce récit,
que l'enfant commença à éprouver un
mieux sensible et, en peu de temps, il
fut entièrement rétabli.

Quelque honneur que cet événement fît
au saint professeur, il n'ajouta rien à l'idée
que l'on avait de sa vertu dans toute la
ville, où déjà il était connu comme *l'ange
du collège*.

Parmi ses écoliers, s'il avait des pré-
férés, c'étaient ordinairement les plus
pauvres, et toujours sa charité trouvait
moyen de subvenir à leurs besoins.

« Une merveille qui passe toute créance »,
dit le Père de la Broüe, « c'est qu'en tant
« de rencontres, au milieu de tant d'indis-
« crétions, d'insolences et de friponneries
« où les enfants ne s'emportent que trop
« souvent, jamais il ne paraissait ému et

« les faisait châtier avec une froideur et
« une modération intérieure qui ne lui
« permettaient seulement pas d'élever le
« ton de la voix, et il ne portait sur sa
« face d'autres marques visibles que celles
« du déplaisir qu'il avait de ne pouvoir
« se dispenser de leur être rigoureux.

« Ses reproches étaient sérieux, mais
« pourtant mêlés de tendresse, et toujours
« accompagnés de tant de témoignages
« d'estime et d'affection envers ceux qu'il
« reprenait, qu'au lieu d'en être offensés,
« ils ne pouvaient que s'en tenir obligés.

« Je ne dis rien ici que je n'aie vu moi-
« même et que je ne puisse témoigner,
« ayant eu le bonheur d'être son disciple.
« Sa modestie nous ravissait ; ses gestes,
« son marcher, sa contenance, son port et
« tout son extérieur nous frappaient jus-
« qu'à la vénération ; et il nous parlait du
« ciel, de la vertu des saints, de la Vierge
« et des vertus d'un chrétien avec des
« paroles si puissantes et de tant d'effica-
« cité qu'il était impossible de l'ouïr et de

« n'en être pas touché. Je l'ai vu s'em-
« porter à des excès de ferveur, qui lui
« faisaient pousser mille sanglots malgré
« lui et verser des larmes en abondance.
« Une fois, nous apprenant, dans la classe,
« la façon de faire l'acte de contrition,
« pour nous instruire par la pratique, il
« nous le fit faire à tous, et, le faisant lui-
« même à haute voix avec nous, il s'aban-
« donna si fort à ses doux transports et
« laissa couler ses larmes avec tant de ten-
« dresse que nous en fûmes tous extraor-
« dinairement émus. »

Ceux qui avaient étudié sous son habile
direction rendaient justice à ses talents
aussi bien qu'à sa piété, et l'on a souvent
ouï dire à Mgr Gilbert de Veni d'Arbouse,
évêque de Clermont, qu'il regardait comme
un des grands bonheurs de sa vie d'avoir
étudié sous ce saint religieux.

La patience du maître n'était vaincue
en lui que par la charité de l'apôtre ; plusieurs témoins, qui ont été ses écoliers sur
les bancs du collège, ont raconté que l'un

d'eux ayant gravement offensé Dieu, le P. Régis manifesta une immense douleur ; il parla avec tant de force et tant de conviction, « nous fûmes si frappés de ses paroles, dit un de ces témoins, elles imprimèrent si profondément en nous la crainte de la justice divine, que je n'oublierai jamais cet instant (1). »

Le zèle ingénieux du jeune et saint professeur sut découvrir, dans toutes les situations, le secret de se rendre utile. Pendant son séjour à Tournon et dès qu'il y fut arrivé, Régis pria ses supérieurs de lui permettre de se charger d'instruire les domestiques du collège et les pauvres de la ville auxquels il distribuait avec joie les aumônes de la maison. Tous les dimanches et les jours de fête, on envoyait, en ces temps-là, de chez les Pères, des jeunes gens aux villages voisins, pour faire aux populations ignorantes quelques instructions propres à défendre leur foi contre les

(1) Guilhelmy ; déposition ; procès.

erreurs calvinistes, trop répandues dans la contrée. Régis fut un des plus zélés parmi ces jeunes missionnaires. « Déjà « ses paroles étaient si vives, si ardentes, « si animées de l'esprit divin dont il pos- « sédait la plénitude, que ceux qui l'en- « tendaient ne pouvaient, souvent, con « tenir leurs larmes, jusque-là qu'une « bonne femme s'écria, toute ravie en « admiration, comme celle de l'Evangile : « Bienheureux est le ventre qui vous a « porté (1)! »

C'était ordinairement associé à un Père de la Compagnie qu'il faisait ses plus fruc-tueuses prédications, et l'un des religieux qui l'avait eu pour compagnon aux fêtes principales et tous les dimanches de l'an-née (1621) qu'il passa à Tournon, a dit qu'on ne saurait assez admirer son dévoû-ment et son industrie dans l'œuvre qu'il avait entreprise. Non content d'instruire les habitants par des catéchismes qu'il

____

(1) P. de la Brouë.

faisait en public, il prenait encore à tâche, par des instructions particulières, de disposer le peuple à la confession ; et quand il y était parvenu, il allait chercher le Père qui, « pour hâté qu'il fût de s'en retourner, « se voyait contraint de se rendre à ses « saintes importunités. Et ce bon peuple « se trouvait être si bien instruit, et Jean-« François s'était si bien acquitté des « devoirs d'un excellent précurseur, que « le même Père assurait que les villa-« geois les plus grossiers, bien loin de lui « donner de la peine, se jetaient à ses « pieds avec tant de lumières et de saints « mouvements, qu'en étant tout ravi, il « se sentait attendri par des consolations « incroyables (1). »

Cependant Régis voyait au delà du moment présent ; il n'ambitionnait pas seulement la récolte du bon grain semé sur l'heure et qu'il faut semer de nouveau pour recueillir une moisson nouvelle ;

____

(1) P. de la Broüe.

sous l'influence de sa parole, dès lors visiblement bénie, il vit s'étendre et se multiplier dans l'Eglise le culte du Saint-Sacrement dont il eut l'honneur de fonder la première confrérie. Il l'institua à Andance, petite ville des bords du Rhône, au nord de Tournon, théâtre de ses premières prédications. Plus tard, dans l'exercice de ses missions, l'établissement de cette confrérie était un des résultats qu'il lui était précieux d'atteindre.

Pour ranimer, parmi les fidèles, le culte de la divine Eucharistie, il dressa lui-même les règlements de l'Association ; et son autorité était devenue si grande, la confiance qu'il inspirait aux populations qu'il avait catéchisées et converties était telle que les familles le prenaient pour arbitre de leurs différends, le consultaient sur leur conduite et se soumettaient à ses décisions ; peu résistaient à ses avis et les moins dociles redoutaient de voir leurs noms rayés de la confrérie.

« Dans les premières ferveurs de cette

« institution », dit le P. de la Broüe, « les
« nouveaux confrères venaient tous les
« dimanches lui rendre compte de leur vie
« et de toutes leurs actions, s'accusant l'un
« l'autre en sa présence comme auraient
« fait des novices devant leur maître. On
« lui portait des plaintes contre ceux qui
« fréquentaient les jeux et les cabarets,
« contre ceux qui s'emportaient à jurer et
« à traiter mal leurs femmes, enfin contre
« tous ceux de qui les fautes connues
« avaient causé du scandale ou du mauvais
« exemple à la confrérie ; et il savait déjà
« ménager les esprits avec tant d'adresse,
« la réputation de sa vertu avait un tel
« empire sur tout ce peuple que, bien qu'il
« fût très jeune, chacun obéissait avec
« plaisir à ce qu'il ordonnait pour servir
« de remède à ces manquements. »

Régis n'était âgé alors que de vingt-deux
à vingt-trois ans.

Durant sept années, ses propres études
et les fonctions de professeur de belles-
lettres occupèrent la majeure partie de son

temps, et au milieu même de ces études que l'on appelle mixtes parce qu'elles s'appliquent aux sciences profanes en même temps qu'à celle de la religion et laissent part aux travaux purement intellectuels, Régis savait rapporter tout au but unique poursuivi par son âme éprise de la sainteté.

« Dans le modeste emploi de professeur, « il ne bornait pas son zèle au soin de « ses écoliers ; il méditait déjà, tout en « remplissant les fonctions d'un maître « exact et savant, les hautes entreprises « de la vie apostolique. et il manifestait « son ardeur pour la sanctification des « âmes et la conversion des pécheurs. « Quand un prédicateur faisait quelque « sermon de grande utilité propre à tou- « cher les cœurs, il allait l'en remercier « comme d'un signalé bienfait. »

Avant même qu'il eût reçu la prêtrise, il avait la clef des cœurs et des consciences ; déjà le Saint-Esprit était sur ses lèvres, et « je me souviens », lisons-nous dans le livre du P. de la Broüe, « que

« tandis qu'il enseignait la troisième au
« Puy, étant là son disciple, j'eus l'honneur
« de lui faire compagnie un jour qu'il alla
« prêcher dans un petit bourg ; et le pauvre
« peuple était dans l'admiration. Ils di-
« saient tous que jamais prédication
« n'avait touché leur âme comme celle
« qu'ils avaient ouïe de lui. Mais sa con-
« versation les charma davantage et fut
« plūs efficace encore, car, bien loin d'af-
« fecter une contenance austère et une
« gravité morne, il portait un visage
« épanoui et un abord riant, gai, franc
« et familier. Une bonne veuve, qui s'était
« trouvée à table avec lui, resta si con-
« solée de la sainteté de ses discours que,
« ne pouvant cesser de le louer, elle ne se
« cacha pas de me dire qu'elle voudrait
« avoir acheté chèrement le bien de l'en-
« tendre une autre fois et de jouir encore
« un coup des douceurs d'une conversation
« si sainte et si religieuse (1). »

(1) P. de la Broüe.

En 1628, il reçut l'ordre de retourner à Toulouse pour y faire sa théologie; il continua d'y marcher à pas de géant dans la voie de la perfection, et comme il joignait beaucoup d'application à un fort bon esprit, « il fit en peu de temps assez « de progrès dans cette science sublime « pour mériter les applaudissements des « connaisseurs. »

Il employait régulièrement à l'étude le temps qui y était destiné; mais celui qu'on accorde quelquefois aux étudiants pour se délasser, il le donnait tout entier à la prière. Un de ses amis, qui craignait que sa ferveur ne nuisît à sa santé, en avertit le supérieur. Celui-ci connaissait l'éminente piété de Régis : « Ce jeune homme est un saint, dit-il, et je suis bien trompé si l'on ne célèbre pas sa fête un jour dans l'Eglise. »

Quant au succès qu'il obtint dans ses études, son humilité ne lui fit faire d'efforts que pour échapper à l'honneur qu'il en pouvait recevoir; car il avait déjà cette extrême aversion que lui ont, toute sa vie, inspirée les éloges.

Les moindres louanges, dit le P. de la Neuville, lui causaient une peine extrême ; elles le déconcertaient, l'affligaient, le troublaient et lui faisaient perdre cette profonde paix de son âme que les plus grands outrages n'étaient pas capables d'altérer.

Un jour, au sortir d'une maison où il venait d'opérer un éclatant miracle, une foule considérable l'attendait dans la rue pour applaudir à ce prodige ; mais confus des louanges qu'il s'entendit donner, il en fut consterné au point de s'évanouir ; et il avoua, depuis, à son confesseur qu'il avait pensé mourir sur-le-champ.

De pareils traits de modestie semblent exagérés à notre ignorance ; mais ne font-ils pas preuve de la vérité de cette pensée de saint Augustin : Que la mesure de notre humilité est la mesure de notre grandeur ?

CHAPITRE VII

SACERDOCE

Lorsque Régis fut averti par ses supérieurs de se préparer à la prêtrise, il s'éleva un combat dans son cœur, non entre ses passions, mais entre ses vertus. D'une part, son humilité lui faisait craindre d'être revêtu d'un si redoutable caractère; de l'autre, son zèle pour le salut des âmes lui donnait de saintes impatiences qui lui faisaient souhaiter avec des ardeurs extrêmes et une charitable ambition d'être admis à l'exercice du sacerdoce.

Il se jugeait indigne d'un tel honneur. « Si je me dirigeais par ma seule volonté « vers un si illustre grade », répondait-il à ceux qui s'étonnaient de le voir rentré dans la paix après la surprise et les luttes de la première heure, « le ciel et « la terre m'accuseraient avec raison d'une « ambition perverse ; mais la gloire de « Dieu et le salut des âmes m'y portent : « je ne reculerai pas, malgré mes craintes. « Déférerais-je plus à mes imperfections « qui me défendent de désirer la prêtrise « qu'aux perfections divines qui me solli-« citent de la souhaiter ? Et pour punir « mon indignité, faut-il que je méprise la « dignité de tant d'âmes que je ne puis « sauver que par ce moyen ? Ah ! si je pour-« suivais un rang si éclatant pour moi-« même, je serais coupable, sans doute ; « mais si c'est pour votre gloire, ô mon « Dieu, et le salut de mon prochain, je « suis coupable, non pas d'avoir conçu de « trop hautes prétentions, mais d'avoir « été trop lent à les concevoir et trop « lâche à en procurer l'accomplissement. »

En vue de ces motifs et de ces saintes pensées, sans crainte de passer pour ambitieux, il témoignait partout que

son désir était d'être prêtre. Il en parlait
souvent entre ses confidents avec des ex-
pressions pleines de transports : « Quel
« bonheur », disait-il, « que celui de pou-
« voir rendre à Dieu plus de respect et plus
« d'honneur en un jour que tous les anges
« ensemble ne sauraient lui en rendre au
« ciel durant l'étendue de tous les siècles !
« Quelle satisfaction de pouvoir présenter
« toús les jours une offrande adorable,
« aussi digne de respect que le Dieu même
« auquel elle est présentée ! Quel avantage
« de recevoir et de porter tous les jours
« la source de tous les biens et le bonheur
« du paradis en soi-même ! Enfin quelle
« consolation à une âme qui a tant soit
« peu de zèlè, que d'être assez puissante
« pour arracher au démon, avec trois
« paroles, les âmes qu'il attache par ses
« plus forts liens ! »

« Ces divines ardeurs et ces saints dé-
« sirs devinrent trop véhéments pour
« être contenus ; et sans écouter la pru-
« dence humaine, avec sa naïveté ordi-

« naire, il conjura son supérieur de faire
« en sorte qu'il devînt prêtre au plus tôt,
« sans le priver d'un bien qu'il estimait
« au-dessus de tout autre, lui promettant
« que s'il l'obtenait, il ne manquerait pas
« de dire trente messes pour lui comme
« pour un de ses plus grands bienfaiteurs.
« Le supérieur fut surpris d'une demande
« qui ne se fait guère parmi les membres
« de la Compagnie de Jésus ; mais comme
« il ne doutait pas de ses intentions, il
« ne laissa pas en même temps d'accor-
« der à Régis ce qu'il désirait (1). »

« Il est difficile, lisons-nous dans un
autre historien de saint Régis qui a vécu
de son temps, il est difficile de dire s'il
avait plus d'ardeur pour sa propre perfection ou pour le salut de son prochain ;
sa vie était d'un ange plus que d'un
homme, et ayant été ordonné prêtre, il
ne pensa plus qu'à se préparer au divin
sacrifice qu'il devait offrir. »

(1) P. de la Broüe, ch. VII.

Un troisième écrivain de sa vie (1), qui le tenait de ses contemporains, fait en ces termes le récit de ce qui se passa lors de sa première messe :

« On remarqua une chose bien singu-
« lière lorsqu'il offrit la première fois la
« victime céleste : c'est que ceux qui as-
« sistaient à cette messe sentirent une
« onction sacrée et des mouvements si
« doux, si extraordinaires de dévotion
« qu'ils se répandaient sensiblement au
« dehors. Il est bien ordinaire que ceux
« qui ne sont pas les plus dévots sont
« dégoûtés de la longueur des messes ;
« mais celle du P. Régis ne causa de
« l'ennui à personne, les assistants ne se
« pouvant lasser de voir et d'admirer l'air
« de sainteté qui reluisait dans ses actions
« et dans ses paroles. »

« Dieu lui continua cette grâce durant toute sa vie », écrit à son tour le P. de la Broüe, « de sorte que les plus indévots

(1) P. Bonnet.

« le voyant à l'autel, se sentaient atten-
« dris d'une dévotion très particulière.

« Ayant été fait prêtre plus tôt que
« ceux qui étudiaient avec lui la théolo-
« gie, il reçut tant de joie de se voir dans
« un état où il aurait le bien de com-
« munier tous les jours qu'il en était ravi
« en lui-même. Il parlait de cette grâce
« comme du plus haut bienfait qu'il eût
« encore reçu dans la Compagnie. Ceux
« qui plus tard ont été appelés à l'accom-
« pagner en ses voyages ont remarqué
« qu'il n'appréhendait rien tant que de
« passer quelque jour sans dire la messe.
« Cette sainte appréhension le tenant con-
« tinuellement en haleine, lui faisait pré-
« voir et détourner avec une adresse
« merveilleuse ce qui pouvait choquer
« sa dévotion en ce point, et lorsqu'il
« avait rompu les obstacles qu'il avait
« redoutés, il ne pouvait assez exprimer
« sa satisfaction et paraissait content
« comme s'il eût trouvé un trésor. »

Sa dévotion était toute simple, toute

naïve, sans appareil, sans bruit, sans affectation, mais sa foi était éminente et toute surnaturelle : c'est le témoignage qu'en ont rendu ceux qui ont été assez heureux pour l'approcher pendant sa vie.

Il croyait les mystères comme s'il les voyait de ses yeux et il les expliquait sans aucun artifice de l'éloquence humaine, dans des discours d'une admirable simplicité, mais avec une onction divine qui le faisait préférer à tous les autres prédicateurs ; c'est ainsi qu'il les inculquait aux âmes avec une grande ferveur et des fruits incroyables.

Il célébrait ordinairement la Messe avec tant d'attention, si immobile et si ravi hors de lui, qu'il était facile de s'en apercevoir, et sa dévotion si fervente en inspirait une grande aux assistants. C'est à cette foi vive à laquelle son immense charité imprimait une onction pleine à la fois de charme et d'énergie, que fut due une grande part de l'influence qu'il acquit et ne cessa d'exercer sur les âmes pour les ramener à la vertu ou à la vérité (1).

Aussi, soixante ans après sa première rencontre avec le P. Régis, une noble protestante qui lui dut son retour à la foi catholique parlait ainsi devant le tribunal formé pour rechercher les preuves de la sainteté de l'apôtre des montagnes :

« J'ai expérimenté moi-même la vivacité de la foi du P. Régis pour l'avoir entendu parler de nos mystères. J'avais un éloignement aussi grand que possible à croire à la présence réelle du Corps de Jésus-Christ dans le Saint-Sacrement. Ma mémoire était pleine des textes de la Bible que les ministres de l'hérésie m'avaient inculqués pour m'empêcher de reconnaître la vérité de ce mystère. Le P. Régis, sans discourir longtemps, immédiatement et sans aucun délai, fit affluer en mon âme tant de lumières, que je fus convaincue sans qu'il me

_____

(1) Dépositions de Jacques Jacmon, Pierre Guilhem et Claude Sourdon.

restât aucune hésitation, et qu'à partir de cette heure j'aurais donné plutôt mille fois ma vie que de renoncer à ma foi, n'ayant plus aucun doute sur ce mystère de la présence de Jésus-Christ sur l'autel, et conservant, sans défaillir, le sentiment de la supériorité de ce que m'avait appris le serviteur de Dieu. Mes parents et les calvinistes dont j'étais entourée ne purent réussir, malgré tous leurs efforts, à me faire retourner à leur religion (1). »

L'exemple du P. Régis, arrivant la nuit, trempé de pluie et de neige, par un temps froid et un vent pénétrant, dans la petite ville voisine de l'habitation de la femme, jeune alors et bientôt veuve, dont nous citons le témoignage, fit, sur ceux qui le virent en cette circonstance, une ineffaçable impression ; car le bon Père, avant de prendre aucun repos, s'en alla à l'église adorer le Saint-Sacrement, et la

(1) *Summarium super dubio*. Déposition de Louise de Romezins.

tête découverte, oubliant là et sa fatigue
et les périls qui l'avaient accrue. Il fallut
que les habitants du lieu, qui le con-
templaient avec autant de surprise que
d'admiration, vinssent lui rappeler qu'un
peu de nourriture et de repos lui étaient
nécessaires.

L'année même de son ordination, Régis
se trouvait à Toulouse lorsque la peste
fit en cette ville d'effrayants ravages ; le
nombre des morts causées par le fléau ne
s'éleva pas, dit-on, à moins de cinquante
mille. Ce fut, pour le courage de Régis,
l'occasion de se signaler ; mais, nouveau
venu dans la carrière, il ne lui fut pas
permis aussitôt qu'il le demanda de prendre part à la lutte, lutte dans laquelle
il ambitionnait ardemment d'être vaincu
plus que vainqueur ; car se dévouer jusqu'à mourir lui semblait une récompense,
et les refus qu'il essuya d'abord ne lui
paraissaient fondés que sur son peu de
mérite. Pourtant, après la mort de quelques-uns des Pères de la Compagnie,

voués à prendre soin des malades, il fléchit enfin, par d'humbles supplications, ce qu'il regardait comme une rigueur méritée de ses supérieurs envers lui, et il obtint l'autorisation, si vivement souhaitée, de s'exposer au même sort. Mais la vie de Régis ne devait point finir encore ; de nombreuses entreprises, couronnées d'immenses succès, lui étaient réservées ailleurs.

Quand le fléau eut disparu, nul ne rendit à Dieu de plus joyeuses actions de grâces ; il eut en outre, la consolation d'apprendre que son pays natal avait été complètement épargné, et il écrivait à sa mère :

« J'ai ressenti beaucoup de peine à rai-
« son de l'incertitude dans laquelle mon
« esprit a été flottant durant sept ou huit
« mois qu'on disait que le mal faisait du
« dégât du côté de Narbonne et de Car-
« cassonne, de ne pouvoir savoir au vrai ce
« qu'était devenu le lieu de ma naissance.
« Or, jugez, s'il vous plaît, si ma joie a

« été petite, ayant enfin su que Dieu, par
« sa Providence paternelle, l'avait con-
« servé sain et entier.

« Hélas ! combien de fois ai-je désiré en
« savoir la vérité pour me tirer de cette
« incertitude ! Mais ne pouvant avoir telle
« consolation, j'avais recours à Notre-
« Dame ; je la suppliais de vous conser-
« ver....., car n'y a-t-il meilleur moyen
« pour apaiser Dieu courroucé, que d'ac-
« quérir les bonnes grâces de celle à qui
« rien ne peut être refusé.....

« J'ai ce que je désirais ; priant Dieu de
« me conserver cette mienne joie, je
« demeure, etc. (1). »

Il nous est permis de penser que la joie
ressentie par la mère du serviteur humblement héroïque des pestiférés de Toulouse
ne fut pas moindre que celle de son fils ;
elle apprit à la fois à quels dangers Dieu
avait permis qu'il échappât et à quelles
fatigues il avait résisté, dans cette épreuve

____

(1) Lettre citée par Daurignac.

où nous voyons briller merveilleusement la charité en même temps que l'humilité du Saint.

Les quelques lignes que nous avons citées de sa correspondance montrent assez ce que renfermait d'amour et de respect filial ce cœur donné à Dieu ; et l'on y sent vibrer, en son âme agrandie, prête à tout sacrifice, résolue à toute séparation, une inquiète sollicitude et un tendre souvenir pour sa terre natale.

La règle de saint Ignace faisait un devoir à Régis, admis dans les ordres sacrés, de refaire un an de noviciat. Le but que s'est proposé le saint fondateur de la société de Jésus est de renouveler, par une année de recueillement, la ferveur et le zèle que pourraient avoir dissipés ou refroidis les travaux purement intellectuels dans l'étude des sciences humaines et de la philosophie.

Sans doute, l'âme sainte et ardente dont les œuvres nous ont révélé la beauté, la grandeur et l'indissoluble union avec Dieu, pouvait paraître avoir, moins que tout autre, besoin de ce renouvellement. Mais combien cette grâce de la solitude dut être précieuse et féconde pour le cœur généreux du prêtre et de l'apôtre ! Du point où nous nous plaçons pour envisager le devoir dépend tout l'avenir, tout le progrès de la vie. L'âme qui livre à Dieu seul sa volonté voit s'élargir le cercle dont elle est le centre ; des horizons nouveaux se découvrent à sa vue, et à mesure qu'elle s'élève dans la voie qui lui est ouverte, une clarté plus vive développe et anime en elle la vie surnaturelle de la grâce. « Notre-Seigneur ne veut de nous que ce que nous pouvons, mais cela, il le veut », disait une énergique et sainte religieuse (1). Mais Dieu conduit lui-même l'âme qui s'est donnée à lui ; il lui fait franchir l'une après l'autre les multiples barrières qui la séparent, au début, du dépouillement toujours exigé et toujours obtenu des âmes

(1) Sainte Chantal.

réservées aux épreuves et à la gloire des saints.

A ceux qui sont enlacés dans les liens de la terre, l'essor de la liberté sainte est étranger. Le monde y voit folie; les sages, à ses yeux, ce sont les tièdes. A qui sait lire en l'Evangile, à qui regarde simplement, droitement, à qui répond sincèrement, cette folie apparaît comme la plus sublime et aussi la plus simple sagesse; elle devient la plus logique des conclusions.

Tout esprit qui pense et qui croit ne s'arrête pas dans la voie quand il a vu la vérité, car la vérité (c'est son droit) s'impose à qui la reconnaît. Les saints l'ont vue et n'ont regardé qu'elle; leur foi en elle a été leur puissance.

CHAPITRE VIII

VOYAGE DE FONTCOUVERTE,
PREMIÈRE MISSION DU P. RÉGIS

On sait fort peu de chose sur le temps de retraite et de complète réclusion qui précéda les dix dernières années de la vie apostolique de saint Régis et qui les prépara. Dieu seul entendit ses prières et, seul, reçut la confidence de ses héroïques résolutions. Mais il n'est pas douteux qu'en ces résolutions il n'ait puisé le germe que nous allons voir éclore et se développer avec une merveilleuse et toujours croissante énergie jusqu'à la fin de sa courte carrière.

Sa troisième année de noviciat, dernière épreuve du religieux, à peine terminée,

Jean-François de Régis reçut du P. Muzio Vitelleschi, son général, l'ordre de se rendre à Fontcouverte où l'appelait le règlement de quelques affaires de sa famille.

Est-il vrai, comme le remarque le P. Daubenton, qu'il fut mortifié autant que surpris de ce commandement *parce qu'il* l'obligeait d'aller revoir ses proches ? Et devons-nous, ainsi qu'un de ses historiens plus modernes, justifier, à ce propos, saint Régis du reproche d'insensibilité ?

Nous ne le pensons pas ; nous avons vu déjà, au précédent chapitre, la preuve des sentiments qu'il gardait et qu'il exprimait dans la simplicité et l'abandon d'une lettre à sa mère ; et si, dans un premier mouvement d'expansion causé par un événement inattendu, il a témoigné quelque crainte, nous serions porté à n'y voir que la méfiance de ses forces devant la pensée de se retrouver aux prises avec les affections, objet de son sacrifice.

Qu'il ait ou non ressenti et manifesté quelque répugnance à ce sujet, il obéit et il trouva, dans son obéissance, les moyens de se mortifier, en commençant par faire à pied le voyage de Toulouse à Fontcouverte. Arrivé là, il donna libre carrière à son extrême charité et commença, au lieu même où il était né, cette prodigieuse et abondante moisson de gloire pour Dieu que recueillait partout sa parole ardente et sainte dès qu'elle se faisait entendre.

En rentrant au séjour seigneurial où s'était écoulée son enfance et où il avait reçu de sa mère les pieuses leçons, première semence tombée sur un terrain fertile, Régis y revenait sous l'humble habit du religieux.

Agé, à cette époque, de trente-trois à trente-quatre ans, et n'ayant point encore supporté les fatigues surhumaines qu'il affronta dans la suite, il conservait sans doute alors tout l'agrément que nous montre en ses traits une peinture (1) dont l'exécution doit remonter à la date de ce

(1) Nous avons vu à Montfaucon, chez Mme de Chazotte, ce portrait fort bien conservé.

voyage, puisqu'il y est représenté, jeune encore et vêtu du costume de son ordre ; sa physionomie nous y apparaît à la fois empreinte de douceur et de résolution ; son regard est profond, un grand air de distinction règne dans son attitude et nous savons, par le témoignage de ses contemporains, que sa taille élevée ajoutait à la dignité de son maintien et de sa démarche.

Venu à Fontcouverte par ordre de ses supérieurs, mais, comme nous l'avons dit, pour les intérêts de sa famille, il demeurait sous le toit de ses frères ; cependant la tradition fidèlement gardée de ce retour nous le fait voir principalement et *joyeusement* occupé du soin des pauvres et des malades, de l'instruction des enfants et de la conversion des pécheurs ; n'usant que pour la gloire de Dieu et l'édification de ses concitoyens, des souvenirs laissés aux bonnes gens de son village et de l'influence que son nom lui donnait dans la contrée.

Il y avait, non loin de sa paroisse, entre

Moux et Fontcouverte, une léproserie désignée sous le nom de l'Hespitalet, qu'il prenait le plus souvent comme but de ses courses charitables.

Il catéchisait les enfants ; les appelant au son d'une clochette et les attirant par quelques petits cadeaux qu'il prenait plaisir à leur distribuer, il savait ensuite les retenir par le charme et l'autorité persuasive de ses instructions.

On le voyait continuellement implorer, des gens riches ou dans l'aisance, de quoi secourir ceux que la pauvreté laissait sans ressources ; ingénieux à obtenir ce qui était nécessaire, autant qu'habile et empressé à en faire l'emploi le meilleur et le plus utile.

Ses frères, cependant, virent dans cette conduite, peu en harmonie suivant eux avec le rang qu'ils occupaient dans la province, un abaissement qui pouvait nuire à la considération qui leur était due, et ils firent à leur frère, dont ils ne comprenaient pas l'humilité, des représentations peu bienveillantes sur la familiarité dans laquelle ils le voyaient vivre avec leurs vassaux.

Un fait, entre tous, mit le comble à leur mécontentement. Régis avait découvert dans une masure que la guerre, à peine finie, entre les catholiques et les protestants, avait aux trois quarts détruite, un malade, un mourant dont les membres endoloris n'avaient, pour s'étendre et se reposer, que la terre nue sur laquelle était bâtie sa chétive demeure ; cet homme était un hérétique.

Emu de compassion, pressé de secourir cette misère si grande, le charitable Père cherche, demande et reçoit enfin une paillasse qu'on lui donne toute remplie pour son protégé. Ne trouva-t-il personne qui voulût la porter ? Ne pensa-t-il qu'à soulager immédiatement la souffrance de celui qu'il savait languir et l'attendre ? Lui-même chargea sur ses épaules cette conquête de sa charité ; mais un groupe de soldats huguenots, appartenant au régiment du marquis d'Ambres, en garnison dans le voisinage, était rassemblé sur la place qu'il fallait traverser pour atteindre son but et, à la vue de sa soutane et de la charge qu'il portait, des cris et des huées l'accueillirent, sans l'empêcher, toutefois, de poursuivre son chemin.

Il eut la joie, non seulement d'apporter un soulagement à son malade, mais encore il lui fut donné de le voir revenir à la foi véritable et de le consoler, à ses derniers moments, par les secours que possède seule l'Eglise catholique.

Mais la rencontre de Régis avec les hommes d'armes ne put passer inaperçue, et ses frères l'ayant apprise, ils lui reprochèrent avec amertume et emportement de compromettre, en même temps que sa dignité, l'honneur du nom qu'eux-mêmes portaient avec lui, en l'exposant à la risée publique.

Le Saint leur répondit « qu'il ne lui était « pas possible de voir des misérables sans « faire tous ses efforts pour les soulager ;

« que toutes les ignominies du monde ne
« seraient pas capables de l'en détourner ;
« qu'au reste, il s'estimait également heu-
« reux de pourvoir aux nécessités des
« pauvres et de recevoir des affronts pour
« cette cause. »

« — A la bonne heure, répliquèrent ses frères, pratiquez les œuvres de miséricorde, mais pratiquez-les selon les lumières du bon sens et selon les bienséances de votre état. Allez à l'hôpital puisque Dieu vous l'inspire ; mais ne donnez pas des scènes au public en portant des paillasses sur vos épaules : de pareils traits vous décrient et nous couvrent de confusion. »

Quelques amis de sa famille s'étaient joints à ses frères pour lui représenter que de semblables bizarreries et un genre de vie pareil au sien étaient faits pour avilir son caractère et sa profession aussi bien qu'il portait atteinte à l'illustration de sa naissance.

Régis, après avoir écouté en silence tout

ce que voulurent dire ces conseillers improvisés de sa conduite, leur répliqua avec le plus grand calme que « les ministres de « l'Evangile ne déshonorent pas leur carac- « tère en s'humiliant. Les Apôtres et leurs « successeurs ont établi l'Eglise par leurs « abaissements », leur dit-il, « et quand « Dieu n'est pas offensé, je me mets peu en « peine des jugements et des discours des « hommes; les vérités éternelles et non les « maximes du monde sont la règle de ma « conduite. » Une déclaration si nette mit fin aux observations, et Régis ayant résolu, de concert avec le curé de la paroisse de Fontcouverte, de prêcher une mission afin de réparer, disait–il, et de faire oublier les mauvais exemples qu'il avait pu donner dans sa première jeunesse, il déploya dans cette entreprise tout le zèle et les talents dont il était si richement doté.

Dès cette première épreuve de sa vie apostolique, il adopta un règlement qui fut peu modifié dans la suite. Commençant le matin par prêcher et faire le catéchisme,

il entendait ensuite les confessions de tous
ceux qui se présentaient ; puis il passait
une partie du jour à visiter les malades
et les pauvres vers lesquels le portait un
irrésistible attrait : « Vous êtes », leur
disait-il, « mon trésor et les délices de mon
« âme », et dans l'exercice du sacerdoce,
c'est, nous dit le P. Bonnet, « parce que cet
« emploi acquiert souvent dans le monde
« bien de l'honneur à ceux qui s'en acquit-
« tent avec succès, qu'il ne se proposa que
« de travailler au salut des pauvres villa-
« geois et de la petite populace. »

Dieu répandit de grandes bénédictions
sur les premiers travaux de saint Régis.
Il rétablit la paix au sein de sa famille et
gagna autant d'âmes à Dieu par l'exemple
de ses rares vertus et ses pieux entretiens
que par ses prédications pleines de l'esprit
de Jésus-Christ. Tel est le témoignage que
rendait au Père général de la compagnie
de Jésus, le Père provincial Pierre de la
Case : Au jugement de tout le monde, le
P. Jean-François Régis a reçu du Ciel un

talent éminent pour l'emploi de missionnaire. »

Aussi, peu de temps après son arrivée à Pamiers où il fut envoyé de Fontcouverte pour y remplir encore une fois les fonctions de professeur ou de régent, il en fut rappelé pour se vouer désormais à la carrière où nous allons le voir dépenser, sans réserve, les forces de son corps et l'ardeur de son âme.

CHAPITRE IX

MISSION A MONTPELLIER

Avant de pénétrer dans le vif de la période admirable où des œuvres multipliées furent achevées par saint Régis en un petit nombre d'années, nous voudrions répondre à quelques objections qui nous ont été faites au sujet de l'uniformité *monotone* d'une vie sur laquelle n'apparaît aucune tache.

Il n'y a, nous dit-on, nulle trace de lutte ; tout, chez votre saint, va directement au bien ; votre héros n'a pas les honneurs du combat. Où sont donc ses victoires ? Il semble, dans ses actes, même les plus héroïques, n'avoir eu à suivre qu'un penchant naturel : en racontant ainsi sa vie, vous amoindrissez ses mérites !

Cette histoire n'est pas un roman ; nous n'y avons rien ajouté, nous n'en avons rien retranché. Ceux qui l'ont racontée d'abord et qui en ont été témoins ont cherché à glorifier Dieu dans un de ses saints ; ils ont évidemment voulu mettre en lumière la sainteté avant tout. Devons-nous en conclure que Régis n'ait point eu à soutenir de combat contre lui-même ? Et son âme, prévenue dès le baptême de grâces singulières auxquelles elle a su répondre avec une ardeur qui l'a fait prématurément grandir et mûrir sous les chauds rayons de la divine charité, a-t-elle vaincu sans souffrir ? Nous le pensons d'autant moins que des indices nous sont laissés qui témoigneraient du contraire. Et je n'en voudrais pour preuve que cette *petite rougeur* qui nous est signalée comme lui venant aux joues, dans le récit naïf du P. de la Broüe, à propos des réprimandes maladroites d'un novice accompagnant le P. Régis en mission.

Ne savons-nous pas que saint François de Sales s'était fait violence et que son extrême douceur était une conquête de sa volonté sur un caractère bouillant?

C'est un secret que révéla sa mort, car nous ne voyons nulle part que le saint Evêque de Genève ait témoigné de la colère ou une vivacité intempestive.

Loin de croire à l'inertie reprochée à la perfection, notre conviction serait plutôt que, pour les âmes saintes, il existe des luttes inconnues du vulgaire, et que ces luttes leur sont parfois d'autant plus douloureuses qu'elles restent cachées pour ne laisser paraître à des regards peu clairvoyants qu'un résultat dont nous recueillons les fruits sans en apprécier les causes.

Officiellement désigné par ses supérieurs pour remplir les fonctions de missionnaire, le P. Régis résolut d'employer l'été dans les villes et l'hiver dans la campagne, afin d'y trouver libres et réunis les habitants des villages que les travaux de l'agriculture retiennent hors de chez eux, pendant la belle saison.

Montpellier fut le premier but assigné à ses prédications; il arriva donc au printemps de 1631 dans cette ville aussi célèbre par la douceur de son climat et la politesse de ses habitants que par la beauté de ses monuments et sa fameuse école de médecine. Les Etats de la province s'y tenaient régulièrement alors et rehaussaient, de toute la splendeur qui s'y déployait, l'éclat de cette seconde capitale du Languedoc.

C'est dans la chapelle du collège des Jésuites que, tous les dimanches et toutes les fêtes, le Père enseignait la doctrine chrétienne aux gens du peuple et aux plus pauvres ouvriers. « Quand il prêchait », dit le P. Bonnet, « il s'accommodait en « cette sorte à la portée des plus grossiers « qu'il n'y avait aucun qui n'en pût faire « son profit. Cela n'empêchait pas que les

« personnes de qualité, les plus grandes
« dames, des ecclésiastiques et des reli-
« gieux ne s'empressassent pour aug-
« menter ses auditeurs, à cause, disaient-
« ils, qu'ils étaient bien aises d'entendre
« parler un saint. »

La sainteté du prédicateur et l'onction
avec laquelle il parlait suppléaient en
effet à tout le reste, car son humilité ne
lui permettait pas d'user de ressources
qu'un autre aurait cherchées dans une
science dont il était loin d'être dépourvu,
nous le savons ; mais les choses les plus
communes acquéraient dans sa bouche
une force qui portait dans les cœurs les
sentiments dont il s'était lui-même pénétré aux pieds du crucifix.

Pendant qu'il était en chaire, on entendait de toutes parts des soupirs et de
profonds gémissements, et plus d'une fois
on l'a vu s'arrêter en parlant, sous le
poids de son émotion, et laisser couler
ses larmes avec celles de son auditoire.

Un prédicateur célèbre, qui se trouvait

de passage à Montpellier, voulut entendre le P. Régis, et après avoir écouté son sermon il s'écriait : « Que faisons-nous de travailler à tant orner nos discours? Voilà un saint homme qui parle sans ornements et qui fait plus de fruits avec de simples catéchismes que nous avec nos grands raisonnements et toute notre éloquence! Et nous avons en outre le déplaisir de voir que rarement on s'empresse de les écouter, et que plus rarement encore on en est touché. C'est ainsi que Dieu donne ses bénédictions aux personnes qui parlent pour sauver les âmes et non pour obtenir de vains applaudissements. »

Une autre fois, un Jésuite connu de toute la France, le P. Pascal, ayant aussi voulu assister à l'une de ses instructions, y versa grande abondance de larmes et dit en s'en allant, « qu'il ne fallait pas s'étonner que ce prédicateur fût suivi d'une si grande affluence de monde puisqu'il faisait des impressions si salutaires

dans les âmes. Que pour lui, s'il demeu--
rait dans la même ville que ce Père, il ne
perdrait pas un de ses sermons, non pas
même un catéchisme, et qu'il ferait plu--
sieurs lieues pour l'entendre. »

Non content des fruits qu'il recueillait
par ses prédications, s'il connaissait quel--
que insigne pécheur, Régis s'attachait à
faire naître mille occasions de lui parler ;
et le plus souvent il arrivait à le faire
rentrer dans le devoir d'un chrétien.

Il ramena ainsi un de ces pécheurs
qui, dit le P. de la Broüe, « s'était long--
« temps porté pour son ennemi juré et
« qui, se sentant poursuivi, lui avait fait
« mille affronts pour se délivrer de son
« importunité. Mais au lieu de rebuter la
« patience et le zèle de ce grand homme,
« il ne faisait que l'allumer davantage
« par ses moqueries et par ses injures....

« Régis n'oublia rien pour le rendre ac--
« costable », continue le P. de la Broüe
« et ayant enfin noué quelque amitié avec
« lui, il achetait souvent de sa boutique

« ce qu'il devait donner aux pauvres et
« aux malades; et, lui communiquant
« avec quelque témoignage de confiance
« ses desseins de charité, il l'obligeait
« parfois à y contribuer du sien. L'ayant
« disposé insensiblement, par la conti-
« nuation de ses bonnes œuvres, à goûter
« la dévotion et ayant préparé son cœur
« aux doux effets de la grâce, il le chan-
« gea tellement qu'il lui fit faire à la fin
« une bonne confession de tout le temps
« de sa vie avec un fruit si visible que,
« depuis, il a toujours bien vécu. Mais
« ce qui attendrit sensiblement ce pauvre
« homme, c'est qu'à l'exemple de saint
« François Xavier, il ne lui donna pour
« pénitence que de réciter une fois l'O-
« raison dominicale. Le pénitent lui té-
« moigna qu'il était surpris de la légèreté
« de cette pénitence. « C'est peu de chose
« que cela, répondit le saint confesseur,
« je le vois aussi bien que vous, mais je
« me charge du reste et vous promets que
« je prendrai tous les jours la discipline

« par l'espace de quarante jours pour la
« satisfaction de vos péchés (1). »

C'est ainsi qu'il savait attirer à Dieu
les cœurs les plus endurcis.

« On ne saurait exprimer », dit encore
le P. de la Broüe, « ce qu'il fit dans Mont-
« pellier, dans Aubenas, dans Privas pour
« la conversion des huguenots, ne se las-
« sant jamais de les poursuivre... Il trouva
« à Montpellier une chambrière hugue-
« note qui, pour avoir fait quelque petit
« larcin dans la maison de son maître,
« était condamnée au fouet. Ayant tiré
« d'elle qu'elle se convertirait s'il pouvait
« la garantir d'une flétrissure si hon-
« teuse, il s'employa en sa faveur et sol-
« licita si puissamment les juges et le
« maître qui l'avait poursuivie, que la
« coupable fut mise en liberté. Mais elle
« retourna à l'hérésie; ce dont le bon
« Père resta, de vrai, extrêmement affligé,
« quoiqu'il l'eût bien prévu, mais sans

(1) P. de la Broüe, ch. IX. Cf. P. Bonnet.

« se repentir d'avoir de son côté fait hon-
« neur à sa promesse et d'avoir contribué
« par cet acte de charité à gagner une
« âme à Dieu, dans la croyance que, comme
« dit saint Bernard, Dieu n'exige point
« de nous la conversion des pécheurs,
« mais seulement le soin de les convertir.

« Il en rencontra une autre dans l'hôpital
« de la même ville, auprès de laquelle il
« eut moins de peine et plus de bonheur.
« C'était une pauvre femme que la mala-
« die et la disette avaient réduite à cette
« retraite et qui, depuis sa naissance,
« avait été nourrie dans l'erreur de Cal-
« vin. Le Père, après l'avoir consolée, lui
« parla de se faire catholique et employa
« tant de saintes rhétoriques, qu'en étant
« ébranlée, elle promit d'y penser et de
« se faire instruire plus à loisir. Mais lui,
« qui n'ignorait pas que le Saint-Esprit
« s'offense de ces résistances, qu'on perd
« les fruits de la grâce quand on tarde
« trop à les cueillir et que, dans la guerre
« qu'on fait au vice aussi bien qu'en celle

« qu'on fait aux hommes, c'est perdre
« une conquête que de perdre une occa-
« sion, voulut que ce fût sur l'heure
« même, et lui ayant donné les instruc-
« tions nécessaires, il ne la quitta point
« qu'elle n'eût abjuré son hérésie (1). »

Tout le temps qu'il résida à Montpellier, Régis passait des matinées entières à entendre des confessions, ne quittant cet exercice que pour en commencer un autre quand on sonnait le catéchisme.

Après un repas léger et quelquefois sans rien prendre (car il s'oubliait lui-même parmi les préoccupations de sa charité), il partait pour visiter les prisons et les hôpitaux et ne rentrait au collège qu'à la nuit.

Le P. Régis ne se bornait pas à accueillir humainement les pauvres, il les cherchait et les attirait; ils étaient l'objet de sa prédilection et des plus vifs transports de sa tendresse; ses larmes coulaient souvent à

____

(1) P. de la Broüe, ch. IX.

leur vue ; aussi mettait-il sa joie à rendre sans cesse les services les plus pénibles et les plus humiliants aux malades les plus délaissés. C'est ce que nous apprend un de ses amis dévoués, son biographe, le P. de la Neuville.

« Assidu dans les hôpitaux près de ceux « qui, par leur état et la qualité de leurs « maladies, inspiraient le plus d'horreur à « la nature, combien de fois ne l'a-t-on pas « vu les embrasser tendrement, laver et « panser leurs plaies, baiser leurs ulcères « et », continue le Père « de ses lèvres en « exprimer le pus ! »

Ceci, assurément, révolte la nature ; un pareil trait nous semble aller au delà du but. Les saints n'ont pas pensé de même. Il leur faut remporter la victoire complète dans le combat héroïque qu'ils livrent aux répugnances les plus insurmontables.

Régis s'était fait l'agent général des pauvres, le défenseur des opprimés, le tuteur des orphelins, le protecteur des veuves ; en un mot, le père commun de tous ceux qui souffraient, de quelque manière qu'ils souffrissent. Il allait, mendiant du pain pour les uns, du bois pour les autres, des lits et des paillasses pour les malades. Souvent, à Montpellier, on l'a rencontré, comme on l'avait vu à Fontcouverte, chargé de bottes de paille et ne rougissant pas de porter ces glorieux fardeaux à travers les rues d'une grande ville pour ceux qu'il appelait *ses chers enfants*. Et lorsqu'il s'entendait poursuivre par la voix d'écoliers moqueurs ou par l'expression du mépris qu'inspire à la légèreté du monde ceux qui bravent ses lois, même les plus frivoles : « On gagne « doublement », disait-il, « quand on sou- « lage ses frères au prix de son humi- « liation propre. »

Dans ses courses à travers la ville, Régis avait découvert, à l'extrémité reculée d'un faubourg, une pauvre malade dont l'état était devenu si affreux que personne n'osait plus l'approcher ; cette infortunée créature était atteinte d'un chancre dont l'aspect repoussant et l'odeur infecte avaient éloigné tout le monde. Mais le saint missionnaire se réjouit, au contraire, d'avoir trouvé en elle *un grand trésor ;* et la voyant ainsi dans le plus cruel abandon et toute dénuée de secours, par le soin filial qu'il en prit, il justifia cette remarque faite par un de ses historiens (1), « qu'un malade avait toujours assez d'at-« traits pour obliger ce grand cœur à le « secourir lorsqu'il avait assez d'infection « pour rebuter tous les autres. » Il portait du linge à la malheureuse infirme, pansait ses plaies, la faisait boire et manger lui-même, de sorte qu'elle pouvait, dans ses souffrances, se réjouir à bon droit d'avoir, elle aussi, découvert *un trésor ;* car dans son insatiable désir de gagner des âmes à Dieu, tout en lui prodiguant les soins exigés par son état, le Père lui révélait, avec son zèle apostolique, les divines miséricordes.

(1) P. de la Broüe.

« L'amour de Dieu », ajoute le P. Bonnet, « était l'âme de ces grandes vertus. » Ah! sans doute, il n'est rien ici-bas qui puisse en inspirer de pareilles. Jésus-Christ seul est capable de les faire naître. Où sont donc les héros qui, dans l'amour purement humain de l'humanité, aient puisé le dévouement sans limites que nous montrent, à travers tous les siècles, les saints de l'Eglise catholique?

La vue seule du P. Régis et sa modestie extraordinaire inspiraient la piété aux pauvres comme aux riches, et les enfants eux-mêmes accouraient pour le voir.

« Sa piété répandait sur ses actions « une candeur et une simplicité naïves. Il « haïssait les ruses et les mensonges au « point que s'il voulait essayer de dissi- « muler un instant la vérité, son main- « tien et son rire le trahissaient, sans lui « permettre de pratiquer la plus innocente « tromperie ni le moindre déguisement.

« La réputation de sa douceur et de sa « sainteté était si répandue partout qu'elle

« attirait de bien loin les pénitents à ses
« pieds pour mettre leurs consciences
« entre ses mains et ouïr de sa bouche les
« paroles de la vie éternelle (1). »

Dans sa prudence parfaite, il savait gagner les âmes avec bonté et patience.

Il avait le rare talent d'apaiser les ressentiments, de réconcilier les ennemis, de mettre la paix dans les familles et le don d'imposer, par sa seule présence, le respect des choses saintes.

« Quand des paroles indécentes, des jure-
« ments et des blasphèmes parvenaient à
« ses oreilles, il ne manquait pas de faire
« des réprimandes à ceux qu'il entendait
« tenir de tels propos, et s'ils ne cessaient
« pas, il leur faisait, de la part de Dieu,
« de si terribles menaces, qu'il rendait
« muets ces impies (2). »

Il s'était acquis en ce point une si grande autorité, que ceux qui entendaient ces méchantes langues les menaçaient,

(1) P. de la Broüe, chap. IX.
(2) P. Bonnet.

souvent avec succès, d'en avertir le P. Régis.

On raconte qu'un soir il rencontra un homme, toujours ivre et d'un caractère violent, qui fuyait sa maison pour aller boire encore ; le zélé missionnaire l'adjure de retourner chez lui avec de tels accents et il l'émeut si fortement, qu'à dater de ce jour cet homme, qu'on regardait comme incorrigible, ne s'adonna plus ni au vin ni à la colère (1).

Celui qui savait ainsi persuader les pécheurs et les ramener au devoir ne pouvait manquer d'émouvoir les cœurs chrétiens et généreux. Régis n'avait d'autres ressources pour secourir les pauvres, dont il s'était fait le protecteur et le père, que les aumônes qu'il demandait à la piété des riches. Il voulut donc assurer et prolongér au delà de la durée de sa mission les effets de la miséricorde qu'il avait su provoquer, et il institua, dans

(1) Déposition du Docteur Mayconnet.

la ville de Montpellier, une société de
trente dames des plus distinguées, qui
s'engagèrent à se charger, chacune un
jour de chaque mois, de la nourriture et
du soin des prisonniers.

Ceux qui n'étaient enfermés que pour
de faibles dettes ou des amendes étaient
surtout les objets de sa vive sollicitude ;
et ne pouvant supporter que leur pauvreté
fût punie comme un crime, on l'avait vu,
saintement importun, demander jusqu'à
ce qu'il trouvât quelqu'un dont la charité
voulût bien acquitter du sien ce que ces
pauvres gens étaient incapables de payer.

Il établit aussi une maison de refuge
pour les pécheresses publiques qu'il avait
converties. Il n'eut malheureusement pas
la consolation d'achever ce grand ouvrage;
l'hiver était venu, et il dut penser à remplir l'engagement qu'il avait pris de se
rendre dans les campagnes.

Mais nous le verrons plus tard reprendre, au Puy, cette œuvre, une de
celles qui lui furent le plus chères, une

des plus difficiles aussi, et qui lui suscita le plus d'oppositions et de persécutions.

On l'a remarqué souvent, le vice est généralement plus développé dans les villes que dans les campagnes ; il y est mieux caché, et sait y revêtir des apparences plus attrayantes qui, sans en faire disparaître la honte, en atténuent momentanément une part aux yeux prévenus ou aveuglés.

C'est dans son amour ardent de Notre-Seigneur, amour qui lui rendait douloureuse toute injure faite à Dieu, au point qu'on l'en a vu pleurer à chaudes larmes, que Régis puisa le courage avec lequel il combattit pour retirer de la mauvaise conduite tant d'âmes qui lui durent un retour sincère à la vertu.

« Quoiqu'il eût un zèle universel pour
« le service de Dieu qui lui faisait em-
« brasser ardemment tout ce qui pouvait
« être utile au prochain, il travaillait d'un
« soin particulier à exterminer l'impureté
« en retirant du bourbier ces malheu-
« reuses créatures qui cherchent le moyen

« de vivre dans le commerce de crimes
« qui les rendent indignes de la vie. Le
« Père, considérant les grands maux que
« ces filles apportent dans une ville, et
« ne pouvant souffrir que Dieu fût offensé
« de la sorte, faisait tous ses efforts pour
« tirer de l'occasion ces pauvres aban-
« données, leur donnant moyen de passer
« la vie sans perdre avec infamie tout ce
« qui la doit faire chérir.

« On sait que, dans Montpellier, il les
« allait chercher jusque sur les grands
« chemins où elles tendaient des pièges
« aux âmes et à la chasteté des passants,
« et, les ayant touchées par ses discours,
« les amenait lui-même dans la ville, les
« mettait entre les mains de quelque
« personne vertueuse, jusqu'à ce qu'il
« eût trouvé le moyen de les placer hors
« de danger. Il en a réduit bon nombre
« comme cela qui n'ont jamais plus bron-
« ché et ont mené depuis une vie très
« chaste et très innocente.

« Lorsqu'il en savait quelqu'une dans

« un logis, il s'en allait lui-même, avec
« une sainte effronterie, la demander au
« maître ou à la maîtresse et ne sortait
« point de la maison sans la mener avec
« lui en lieu d'assurance, dans les saintes
« retraites qu'il préparait à ces péche-
« resses.

« Il fallait bien de la force et de la
« persuasion pour surmonter l'avarice de
« ceux qui faisaient trafic d'une si mau
« vaise marchandise ; mais il en fallait
« bien davantage pour changer le cœur
« de ces perdues et les résoudre à le
« suivre, ce qu'il faisait quelquefois néan-
« moins en deux mots, sans autre rhéto-
« rique que celle du Saint-Esprit et de la
« grâce intérieure qui agissait dans leur
« âme dès qu'il ouvrait la bouche pour
« leur parler.

« Parfois il les allait prendre dans des
« recoins écartés sans que l'horreur de
« ces lieux décriés pût porter atteinte à
« son courage ni lui faire appréhender la
« rage des furieux à qui il venait ravir

« la proie entre les mains. Ces malheu-
« reuses s'effarouchaient d'ordinaire à son
« abord, comme des lionnes surprises
« dans leur tanière ; mais il les gagnait
« avec une douceur si charmante et leur
« représentait le malheur de leur vie et
« l'état de leur conscience avec des paroles
« si puissantes qu'il en trouvait bien peu
« qu'il ne ramenât à leurs devoirs et
« dont son zèle ne fît des pénitentes
« publiques (1). »

Il échoua quelquefois, sans doute, et il
eut la douleur de voir lui échapper quelques-unes des brebis qu'il avait espéré
d'avoir fait rentrer pour toujours au ber-
cail du Bon Pasteur ; mais il ne se décou-
ragea pas un instant, et le grand vicaire
de Viviers lui ayant dit un jour qu'il
perdait sa peine à travailler à la conversion d'une créature qui avait vécu dans
une longue habitude du vice et dans un
tel enivrement des plaisirs coupables qu'il

(1) P. de la Broüe, ch. XI.

paraissait impossible de tirer cette infortunée d'un pareil gouffre : « Je le croirais », répondit le Père, « s'il ne fallait « avoir égard qu'à ce que peut la nature ; « mais devons-nous nous défier de la grâce « qui peut triompher de la dureté la plus « obstinée ? Dieu secondera nos efforts. » Et un effet durable couronna l'espérance que chacun l'accusait d'avoir conçue contre toute sagesse.

Pour lui personnellement, Régis a toujours ignoré les mouvements contraires à la vertu ; on sait que, non seulement il fut exempt, jusqu'au dernier soupir, de tout péché de sensualité, mais encore que, par une grâce aussi précieuse qu'elle est rare, il fut toujours préservé des combats intimes et des révoltes involontaires qui font souvent gémir les âmes les plus saintes et que le grand Apôtre a signalées lui-même. C'est le glorieux aveu qu'il fit un jour à l'un de ses directeurs.

A ce grand privilège, Régis unissait le

don de faire part aux autres de cette grâce ; ses conversations, sa seule présence inspiraient le respect et l'amour de la pureté.

Dieu donnait tant de bénédictions à ses paroles qu'elles entraient bien avant dans les cœurs et ramenaient à la vertu promptement et facilement des créatures vivant dans la honte.

Plusieurs d'entre elles ont dit qu'après s'être confessées une fois ou deux au P. Régis, elles avaient éprouvé pour leur vie passée du dégoût et de l'horreur. Et non seulement pendant sa vie, mais après sa mort même, la sainte puissance de sa vertu a souvent inspiré des sentiments non moins salutaires. « Depuis qu'il est « glorieux au ciel », continue le P. Bonnet, « nous savons que plusieurs ont expéri- « menté l'efficacité de son secours. »

Des religieux qui ont longtemps gouverné sa conscience lui ont rendu le témoignage qu'ils ne croyaient pas qu'il eût jamais perdu, non seulement la pureté virginale, mais encore la grâce qu'il avait puisée dans les eaux sacrées du baptême. Et certainement, il la conservait avec grand soin, car il se confessait tous les jours.

—

CHAPITRE X

Sommières, petite ville située à quatre lieues environ au nord de Montpellier, dont le château et les remparts avaient favorisé longtemps la résistance des protestants contre les troupes royales, fut le lieu choisi par Régis pour commencer sa campagne d'hiver.

L'hérésie de Calvin et la guerre y avaient imprimé leurs traces funestes ; une partie de la population du Lavonage, dont Sommières était la capitale, était dépourvue de toute instruction religieuse ; les habitants n'avaient eu, longtemps, d'autre préoccupation que celle de soustraire leurs biens et leur vie aux ravages des armées qui se disputaient leur territoire, et ils avaient, pour la plupart, perdu tout sens moral.

Régis ne craignit pas de s'annoncer et de se montrer parmi ces populations aussi grossières qu'elles étaient misérables. Parcourant des pays que la guerre avait laissés incultes, il n'y trouvait que des abris souvent insuffisants à le garantir des injures de la mauvaise saison; et certes, « l'on peut bien s'imaginer quelles sortes « de logis il rencontrait en ces courses, « et s'ils étaient bien pourvus pour lui « donner à manger et le coucher (1). »

Hors des maisons de l'ordre, le P. Régis vivait d'aumônes et, logé chez quelque pauvre homme, se contentait d'un pain grossier dont les plus misérables ne se fussent pas volontiers accommodés. Si, par hasard, son hôte était moins pauvre, il y ajoutait un peu de lait. Il lui arrivait

(1) P. Bonnet.

quelquefois de ne trouver autre chose à manger que des restes de ce pain noir, et, pour son lit, un peu de paille. Mais il disait « que jamais il n'était mieux que « quand il était le plus mal. »

Il passait, d'autres fois, des jours et des nuits en plein air, mais il ne faisait qu'en rire et paraissait constamment dans la joie au milieu des désagréments ou des souffrances qu'il aimait à endurer pour la cause de Dieu, faisant ses voyages et ses courses avec autant de courage et de gaîté que s'il se fût promené dans un beau parterre ; toujours infatigable et toujours content, quelque fatigue qu'il lui fallût endurer et quelque sujet de mécontentement qu'il pût rencontrer.

Si, quelquefois, ceux qui l'avaient invité lui envoyaient un cheval pour aller d'un village à un autre, il y faisait monter son compagnon, ou, s'il y était monté lui-même, il en descendait bientôt pour y faire mettre le valet chargé de le lui conduire, sachant persuader à l'un et à l'autre qu'il irait à pied plus commodément, quoiqu'ils vissent la sueur perler sur son visage.

Souvent, après avoir prêché à Sommières de grand matin, il en partait à jeun et parcourait plusieurs villages à pied, catéchisant partout, et partout administrant le sacrement de pénitence à ceux qui se présentaient. Le soir, il rentrait à la ville et y reprenait ses fonctions accoutumées, retournant au confessionnal, ou se tenant dans sa chambre, sur une chaise, à entendre les confessions jusque passé minuit. Il aurait succombé mille fois si Dieu ne l'eût soutenu par une espèce de miracle, d'autant plus qu'à tant de travaux il ajoutait des austérités excessives. Non seulement il ne se permettait quoi que ce soit qui pût amollir ses sens, mais il s'était interdit de manger de la viande, des œufs et du poisson ; jamais il ne buvait de vin, il dormait sur la dure, toujours revêtu d'un cilice, ne demeurant couché que trois heures de la nuit. Et quand il se mettait sur son lit, c'était tout habillé, afin de se lever plus promptement pour secourir les malades qui l'appelaient souvent la nuit.

Quoiqu'il eût beaucoup à souffrir dans ses voyages, et malgré l'épuisement causé par ses travaux, il ne laissait pas de tourmenter son corps avec une espèce de cruauté et, « voyant un jour ses épaules « meurtries et livides, son infirmier en « eut horreur et compassion », nous dit un de ses historiens (1).

Les fatigues qu'il parvenait à surmonter auraient lassé plusieurs ouvriers évangéliques ; mais les bénédictions que Dieu répandait sur ses travaux semblaient lui redonner des forces. La vigueur de son corps n'égalait pas toutefois celle de son esprit, et il lui arrivait de succomber en prêchant. Il n'avait plus alors la force de parler ni même de se soutenir, encore moins de fendre la foule pour se retirer;

(1) P, Bonnet,

il fallait l'emporter *comme un homme qui n'en pouvait plus.*

Le zèle du P. Régis obtint à Sommières le succès qu'il avait eu déjà à Fontcouverte et à Montpellier, et lui-même en regarda les résultats comme un miracle. Aussi lorsque, après avoir fait dans cette petite ville de nombreuses conversions, il commença à parcourir les campagnes environnantes, il y était reçu comme un apôtre ou comme un ange.

Ainsi que dans ses premières missions, dès le grand matin il expliquait aux villageois les principaux points sur lesquels un chrétien doit être instruit ; immédiatement après, il allait au confessionnal et il écoutait avec une patience incroyable cette grossière et ignorante population jusqu'au temps du sermon qu'il commençait en sortant du tribunal de la pénitence ; et environ sur le midi, il allait dire la messe. Il dînait ensuite. A peine lui laissait-on le temps de prendre sa réfection, qu'une grande affluence de pénitents le rappelaient au confessionnal. Et quand il n'était pas attendu par ceux-là, il se voyait bientôt entouré de gens qui avaient ou quelque procès à vider, ou quelque querelle à démêler, qui le venaient trouver à son logis. Le ciel l'avait favorisé du talent de terminer si bien les différends au gré des parties, que l'on n'a jamais ouï dire qu'on eût plaidé après les accommodements qu'il avait faits. Sur le soir, il faisait une autre prédication, et après un souper léger, quand ce n'était pas sans souper, car il vivait souvent comme s'il n'eût point eu de corps, il retournait au confessionnal jusqu'à minuit, de sorte que pendant le jour il avait peine à trouver quelque temps pour réciter l'office divin et vaquer à l'oraison.

Lorsqu'il rencontrait des seigneurs injustes envers les paysans, il embrassait ardemment la cause des opprimés, comme un père prend la défense de ses enfants; et il ne se désistait pas jusqu'à ce qu'il eût obtenu des grands ce qu'il estimait être juste.

Aussi, dès qu'on était prévenu de l'arrivée du P. Régis, on accourait des bourgades et des villages environnants pour entendre et voir *le saint homme*.

L'église était si remplie tous les matins et tous les soirs qu'il n'y avait nulle différence entre les jours ouvriers et les fêtes ; tous les jours étaient solennels. Les uns l'entendaient prêcher, immobiles et les yeux attachés sur lui, les autres ne faisaient que pleurer pendant toute la prédication.

A peine était-il descendu de chaire, que les uns s'allaient jeter dans le confessionnal où ils savaient bien qu'il ne manquerait pas d'aller après le sermon ; quelques-uns se prosternaient à ses pieds ; d'autres le suivaient et l'entouraient avec une assiduité dont il ne leur laissait jamais soupçonner l'importunité, quelque indiscrète qu'elle pût être.

Quand il avait terminé une mission et

qu'au moment de son départ, les habitants de villages éloignés arrivaient encore, il avait à cœur de ne pas manquer de parole à ceux qui l'attendaient ailleurs : alors le P. Régis partait, suivi des nouveaux venus. Il les confessait en chemin. Il marchait séparé de la foule avec celui qui se confessait; les autres le suivaient modestement en chantant les litanies. Il y en avait qui, pour avoir la consolation de se confesser à lui, le suivaient l'espace de plusieurs lieues, et des journées entières sans manger. « Afin de ne pas les mener « trop loin, il s'asseyait par moments sur « une pierre, malgré la saison rigoureuse, « pour les entendre et les renvoyer « ensuite (1). »

Les curés et leurs peuples le souhaitaient avec ardeur et le demandaient de toutes parts. Et comme il lui était impossible de les satisfaire tous, il versait des larmes avec un extrême regret de ne

____

(1) P. de la Broüe,

pouvoir donner ses soins à une si grande multitude.

Or, ceux qui n'avaient pas le bonheur de le voir chez eux, venaient, comme nous l'avons dit, de fort loin. Une troupe de ces bonnes gens le vinrent trouver une fois et lui dirent qu'ils avaient fait deux journées de chemin pour pouvoir profiter de ses instructions et se confesser à lui. Il leur accorda bien volontiers ce qu'ils désiraient et les entendit tous.

Malgré ces récits enthousiastes, il ne faudrait pas croire, pourtant, que le Père Régis ne rencontrât partout que bienveillance ; l'hérésie avait ses adeptes et le pays n'était pas tellement pacifié qu'on n'y fût éprouvé par l'hostilité des huguenots.

Un jour, l'approche d'une troupe armée fut signalée dans un village où Régis faisait la mission ; les habitants inquiets se réfugièrent dans l'église où ils avaient transporté leurs objets les plus précieux, pensant qu'ils pourraient s'y défendre mieux que dans leurs pauvres maisons. Le Père y entra après eux, et lorsque les soldats voulurent y venir prendre ceux qu'ils avaient en vain cherchés dans le village, ils le trouvèrent sur la porte, l'air ferme et résolu : « Misérables », leur dit-il, « êtes-vous donc si impies que « d'entreprendre de violer la sainteté de « ce lieu sacré? Sachez, du reste, que « vous n'y pénétrerez qu'en me passant « sur le corps et que je serai heureux « de donner ma vie pour cette petite « bergerie que Dieu a commise à ma « garde. »

Son attitude déterminée, son accent généreux frappèrent d'étonnement les agresseurs et les firent reculer.

Un autre jour, il traversait un bourg où des soldats protestants l'accablèrent, en le voyant, d'injures et de railleries; puis ils se mirent à le poursuivre en lui jetant des oignons dont ils avaient en abondance. Leur capitaine, plus honnête, dit le chroniqueur auquel nous empruntons son récit, en fit faire des excuses au Père et il le pria d'indiquer lui-même la punition à infliger aux coupables insolents.

« Monsieur », lui répondit le saint religieux, « nous autres catholiques nous « suivons les lois de Jésus-Christ qui veut « qu'on étouffe tout sentiment de ven- « geance ; je prie Dieu qu'il vous fasse « juger par là de la vérité de notre reli- « gion. Tout ce que je prétends, c'est « d'empêcher qu'on fasse violence aux « pauvres villageois, et je vous demande « seulement d'arrêter les désordres de vos « soldats. »

C'est encore au temps de cette mission dans les campagnes du Lavonage que se rattache un trait charmant de l'humilité de saint Régis.

« Je l'ai appris », dit le P. de la Broüe, « d'un de nos Pères qui en a été témoin « pour avoir été de la partie.

« Le Père me racontait qu'étant encore « fort jeune, et sorti depuis peu du novi-

« ciat, il eut le bien d'accompagner le
« P. Régis quelque temps à la mission de
« Sommières et, qu'en certaine rencontre,
« il lui persuada de porter en chaire une
« pièce plus étudiée et plus juste qu'il ne
« faisait d'ordinaire. Comme il n'y voulait
« point entendre, alléguant que cela ne
« servait de rien et que la simplicité
« de l'Evangile ne souffrait point cette
« pompe, son jeune compagnon lui repré-
« senta que, pour s'accommoder à la fai-
« blesse humaine, il fallait relâcher de ses
« maximes ; qu'une prédication, pour être
« magnifique et bien travaillée, ne laisse
« pas toujours d'être apostolique ; que,
« pour se faire écouter, il faut joindre
« quelquefois l'agréable avec l'utile ; que
« la simplicité de l'Evangile ne consiste
« pas à porter des discours déconcertés ni
« à les dire sans ordre et sans ornements ;
« autrement, que ce serait condamner
« l'éloquence des saints Pères et blâmer
« tant de beautés que nous voyons en
« leurs livres,

« Je ne sais si je dois plus admirer son
« humilité en ce qu’elle abhorrait cet
« éclat, ou en ce que, contre son senti-
« ment, il consentit à l’employer cette
« fois, pour déférer aux remontrances et
« aux inclinations de son contradicteur.
« Il se prépara donc avec plus de soin que
« de coutume et fit un très bon sermon
« dont tout son auditoire fut fort content.

« Dès qu’il se fut retiré, il pria son
« compagnon de lui dire avec franchise
« ses manquements, et il l’en pressa si
« fort, avec tant de bonne grâce et de
« douceur qu’il lui donna la hardiesse de
« ne l’épargner point. Celui-ci s’étonne
« encore lui-même comme il eut le courage
« de le traiter avec si peu de respect, quoi-
« qu’il l’eût toujours considéré et honoré
« comme un saint. Tant y a que Dieu
« permit qu’il s’oublia pour ce coup de
« la sainteté et du mérite de ce grand
« homme, qu’il perdit un peu de cette pro-
« fonde vénération qu’il avait pour ses
« vertus ; et sans avoir égard à sa propre

« insuffisance et à son jeune âge, il com-
« mença à critiquer sur sa voix, sur ses
« gestes, sur son langage, à mordre sur
« sa doctrine, sur la suite, sur les preuves
« et sur les embellissements du discours,
« enfin à le blâmer de ce qui était faute
« et de ce qui ne l'était pas avec quelque
« sorte d'insolence, comme il avoua lui-
« même.

« Ce jeu dura près de demi-heure, et le
« Père l'écouta tout ce temps avec une dou-
« ceur et une modestie angéliques, sans
« le contredire ni l'interrompre et sans
« faire paraître aucun autre mouvement
« d'un peu de confusion qu'une petite rou-
« geur qui, lui montant sur sa face, ne
« lui permit pas de la dissimuler.

« Après que ce jeune admoniteur eut
« fini ses beaux avertissements, Régis ne
« se plaignit à lui que de ce qu'il l'épar-
« gnait et ne disait pas tout. Il fallut le
« contenter, l'assurant que c'était bien
« assez pour une fois, et qu'il n'en en-
« tendrait pas davantage qu'il n'eût du

« moins corrigé une partie de ce qu'il
« avait ouï.

« Le jeune homme reconnut sa faute,
« et s'apercevant bien qu'il avait passé
« les bornes, il alla, tout couvert de confu-
« sion, en demander pardon au Père. Mais
« celui-ci tourna la chose en raillerie en
« lui disant : — Quoi donc ! vous êtes-vous
« sitôt repenti de m'avoir rendu un bon
« office (1)? »

Jamais homme ne fut plus ingénieux
que le P. Régis à couvrir aux yeux du
monde les dons qu'il recevait de la main de
Dieu. Il avait mille artifices pour donner
à des actions excellentes les couleurs des
actions communes ; on eût dit que la nécessité l'obligeait à beaucoup de choses qu'il
ne faisait purement que pour plaire à
Dieu, et, à voir son extérieur, on s'ima-
ginait bien souvent qu'il était porté d'inclination à ce qu'il n'entreprenait qu'avec
des répugnances extrêmes.

(1) P de la Broüe, liv. II, chap. ii.

CHAPITRE XI

DIOCÈSE DE VIVIERS

Après cette mission laborieuse qui ne fut encore qu'une ébauche, comparée à celles qui la suivirent à travers les montagnes du Vivarais et du Velay, et dans les diocèses de Vienne et de Valence, le P. Balthazar Carel, recteur du collège de Montpellier, écrivait au Père général : « Le P. Régis a parcouru une grande partie des diocèses de Nîmes et de Montpellier avec une charité tout apostolique et des fatigues incroyables. Il a gagné à Dieu une infinité de pécheurs et ramené à l'Eglise un grand nombre d'hérétiques par l'onction de sa parole et la sainteté de sa vie. De tels commencements promettent de grandes choses pour l'avenir. »

Louis-François de la Baume de Suse avait été nommé évêque de Viviers dès 1621, mais depuis un demi-siècle ce malheureux pays était, plus que tout autre, ravagé par les guerres de religion ; et, protégés par les obstacles qu'opposait aux troupes royales la nature d'un terrain coupé de hautes montagnes et couvert de forêts, les calvinistes y avaient trouvé un refuge assuré.

Vaincus à la Rochelle en 1627, les protestants n'avaient plus, après la paix signée en 1629, à Alais, de point de ralliement ni d'organisation régulière ; mais les montagnes des Cévennes ne cessèrent pas d'être, de longues années encore, le centre et le foyer de l'agitation calviniste dont le dernier champion et le héros, Jean Cavalier, fut vaincu définitivement par les troupes du maréchal de Villars en 1704 seulement.

Le prédécesseur de M. de la Baume,

Eucher de Saint-Vital, avait été contraint par les révoltés de se retirer à Avignon ; et depuis douze ans que son successeur avait pris possession de son siège épisco-pal, il n'avait point encore essayé d'af-fronter les populations hostiles qu'il était certain de rencontrer en parcourant son diocèse.

Les succès inespérés du P. Régis, les prodiges que Dieu avait opérés par le ministère de ce saint prêtre dans les dio-cèses de Nîmes et de Montpellier, inspi-rèrent à l'évêque de Viviers le désir de l'avoir à son tour. Il le demanda donc au Père provincial, Pierre Lacaze, et l'obtint.

« L'homme apostolique se rendit au « premier ordre chez le prélat qui le « reçut d'une manière proportionnée à « l'idée qu'il avait conçue de sa sainteté, « et l'ayant embrassé cordialement, lui « dit qu'il était résolu de commencer avec « lui la visite de son diocèse : mais le « P. Régis lui fit trouver bon qu'il prît le

« devant pour disposer les ouailles à rece-
« voir leur pasteur (1). »

Il commença donc avec le P. Beyssen,
son compagnon, à visiter les pauvres habitants de ces montagnes *affreuses* (ainsi
les qualifient les vieux récits) qui, en hiver,
sont tout environnés de neiges et ne
peuvent vaquer à la culture de leurs terres ;
c'était particulièrement ce temps que le
saint homme choisissait pour travailler à
la culture de leurs âmes, dit le P. Bonnet.
Il y allait par des chemins rudes, presque
impraticables en cette saison.

Son compagnon racontait qu'un jour,
étant parti d'un village où il avait fait la
mission pour l'aller faire à un autre, et
en un temps tout obscurci par les brouil-
lards, ils furent surpris par la nuit lorsqu'ils étaient encore loin du terme de leur
voyage. « Nous ferions bien mieux », dit-il
au P. Régis, « plutôt que de poursuivre
« notre chemin par des lieux si inconnus

(1) P. de la Neuville.

« et un temps si fâcheux, de nous arrêter
« dans une bourgade que je connais ici
« proche, où nous trouverons un ami qui
« sera bien aise de nous recevoir. — Mais »,
repartit le Père, « nous avons donné pa-
« role que demain nous ferions l'ouver-
« ture de la mission, et le monde ne
« manquera pas de se trouver de bon
« matin à l'église. C'est abandonner l'œu-
« vre de Dieu que de leur manquer de
« parole. Prenons donc courage, et allons
« à la bonne heure, nous aurons pour
« guides nos bons anges. Dieu, qui nous
« appelle à ce saint ouvrage, nous con-
« duira en sûreté. »

Ensuite, il s'enveloppa de son manteau,
continuant de marcher sur la neige,
extrêmement glissante, et qui était tombée en si grande abondance qu'il en avait,
par moments, jusqu'à la ceinture. A peine
s'était-il dépêtré d'un endroit qu'il rencontrait une autre fondrière.

Et ce qui était encore un sujet de frayeur
dans ces profondes ténèbres, c'étaient les

hurlements des loups, car les Pères pouvaient craindre qu'ils ne se vinssent jeter sur eux, ne trouvant pas d'autre proie en cette saison où tout était retiré dans les étables.

Son compagnon, qui n'avait *peut-être* pas autant de zèle que lui, lui dit qu'il n'était pas de la prudence de s'être engagé en un voyage si fâcheux. Le saint homme lui répondit avec sa douceur ordinaire « qu'il fallait, au contraire, se réjouir « d'avoir cette occasion de souffrir quel- « que chose pour Dieu. »

Ils poursuivirent leur voyage, n'ayant pour toute lumière que le peu de lueur qu'ils recevaient de la blancheur de la neige. Enfin ils arrivèrent, après bien des fatigues, au terme de leur course, demi-morts de froid et tout épuisés de forces (1).

Ses compagnons ont assuré qu'il en était de même presque chaque fois qu'il passait d'une mission à une autre. Sa

(1) P. Bonnet.

charité ne refusant jamais à qui la lui demandait, la faveur de le confesser, il se trouvait ainsi retenu la plus grande partie du jour fixé pour son départ. Or, il en résultait qu'il s'en allait vers le soir, s'exposant de nouveau à être la nuit dehors et à courir les mêmes dangers.

Dès qu'il se montrait, l'air de sainteté répandu dans tout son extérieur le faisait d'abord révérer par ces peuples à demi sauvages et les attirait bientôt en foule. Quand on savait qu'il devait venir en quelque endroit, les villages entiers accouraient au-devant de lui; les calvinistes mêmes, frappés d'une vertu si rare, se joignaient aux catholiques; tous étaient charmés de sa douceur, de son zèle, de l'empressement avec lequel il allait les chercher de chaumière en chaumière et jusque dans le creux des cavernes. Dans les transports que leur causait une si ardente charité, ils ne pouvaient reteni. leurs larmes ni résister à l'esprit de Dieu qui leur parlait par la bouche du Saint.

Les pauvres, comme la plus précieuse portion du troupeau de Jésus-Christ, étaient toujours le premier et le principal objet de son zèle ; mais il n'excluait pas les riches ni les personnes de qualité parmi lesquelles il fit bien d'illustres conquêtes. Le comte de la Mothe-Brion était un des habitants les plus considérables de la province, où sa condition, ses biens et l'influence qu'il savait exercer lui donnaient une grande autorité. Attaché de tout temps à la religion catholique, il était fidèle à en pratiquer les commandements essentiels ; mais la parole du P. Régis le conquit de manière qu'il devint pour le missionnaire un aide puissant et un ardent propagateur de son œuvre. Il fut secondé aussi par un ancien élève du collège du Puy, M. de la Suchère, qui joignit ses efforts à ceux du comte de la Mothe.

Mais une des conversions les plus célèbres que le P. Régis commença dans cette mission, fut celle d'une dame de haute naissance, Louise de Romezins, mariée alors à M. de la Franchère et regardée à juste titre comme la colonne du calvinisme dans le pays, non seulement à cause de sa noblesse, de ses grands biens, de son crédit et des nombreuses libéralités qu'elle faisait à ceux de son parti pour les y retenir, mais encore par son savoir et son esprit. Elle avait, d'ailleurs, dit le P. de la Neuville, *toute l'opiniâtreté dont une femme est capable.*

Le comte de la Mothe conduisit chez elle le saint missionnaire. Elle-même, dans sa déposition au moment de l'examen de la cause de saint Régis, s'exprimait en ces termes :

« J'ai connu le P. Régis, de la société de Jésus, dans nos hautes montagnes, à Montfaulcon, à Montregard et à la Louvesc. J'avais vingt-deux ans quand je l'ai vu pour la première fois, faisant la mission, enseignant les peuples, prêchant et confessant. J'étais hérétique, élevée par mes parents dans l'erreur de Calvin et *singulièrement* opiniâtre.

« Je lui opposais, dit-elle, des passages de la Bible que ma mémoire me fournissait comme une affirmation contre les dogmes catholiques et surtout contre la réalité de la présence de Notre-Seigneur dans l'adorable sacrement de l'Eucharistie, car j'étais instruite et je parlais avec orgueil. Et le Père ne me coupa pas la parole, il ne me reprocha ni mon ignorance ni ma vanité, mais avec une modestie qui ravissait l'âme, il attendait ; il m'écoutait avec une telle mansuétude, m'exposant, sans la moindre amertume, la vérité, qu'un mot suffit ensuite à me persuader. Il le fit d'autant mieux qu'il menait une vie exemplaire et excessivement sévère, se mortifiant au milieu de ses plus rudes labeurs. Sachant que le Père s'était interdit la viande, je lui envoyais des poissons, mais il les laissait intacts et les distribuait aux pauvres. Sollicité toujours par la gloire de Dieu et le salut des âmes, il servait nuit et jour Dieu et le prochain. »

CHAPITRE XII

VIVIERS — SUITE DU PRÉCÉDENT

Parmi les désordres et l'inévitable relâchement qu'avaient engendrés les guerres civiles, il ne faut pas s'étonner si le P. Régis eut la douleur de rencontrer des prêtres dont la conduite était un scandale et les exemples un danger pour les âmes qu'ils avaient à instruire et à diriger.

C'était une des blessures les plus cuisantes qui pût faire saigner son cœur sacerdotal. C'était la destruction de son œuvre réparatrice, la perte de ceux que lui-même avait éclairés ou ramenés pendant le cours de ses missions. Il attaqua avec toute la fermeté dont il était capable, et nous la connaissons, les vices qu'il rencontra dans les membres infidèles du clergé.

Sa tendre charité lui faisait trouver là, plus qu'ailleurs encore, des accents pour toucher les cœurs égarés; il reçut des aveux et fit couler des larmes dont lui seul avait le secret et qu'il sut faire fructifier abondamment; mais lorsqu'il se heurtait à des esprits rebelles dont il ne parvenait pas à vaincre l'orgueilleuse révolte, Régis dut recourir à l'autorité épiscopale. Il le fit avec sa vigueur accoutumée, mais non sans amasser sur sa tête un orage. « Sa vie apos-« tolique », écrit le P. Bonnet, « fut une « guerre continuelle : de sa part contre « le vice et de la part des vicieux contre « lui, guerre sans interruption et sans « relâche » dont nous voyons ici le premier acte.

Attaqué dans sa réputation par des calomnies si artificieusement inventées qu'elles trouvèrent créance jusque dans les personnes les plus sages et les plus vertueuses, l'homme apostolique se montra fidèle au principe inviolable qu'il s'était fait de ne s'excuser d'aucune faute qu'on lui imputât. Ses ennemis, mettant à profit l'absence de M. de Simiane, grand vicaire de l'Evêché, l'accusèrent sans ménagement de s'être arrogé des droits qu'il n'avait pas et d'avoir méprisé toutes les convenances dans sa conduite envers des ecclésiastiques respectables.

Appelé par l'Evêque et réprimandé amèrement, le saint religieux entendit avec patience des reproches immérités ; loin de chercher à se défendre, il répondit humblement que « sans doute, il était un « serviteur indigne de la cause qui lui « avait été confiée ; qu'il obéirait sans « réplique aux ordres de ses supérieurs ; « qu'il avait néanmoins la conscience de « n'avoir agi qu'en vue des intérêts et de « la gloire de Dieu et que, sous ce rapport, « du moins, il ne se reprochait rien. »

Surpris et charmé d'une si rare modestie, l'Evêque commença de soupçonner qu'on l'avait trompé, et au retour du grand vicaire, la calomnie démasquée ne servit qu'à donner un nouveau lustre à la sainteté du missionnaire.

Les grands sentiments que puisait dans l'oraison cette âme passionnément éprise de l'amour divin se répandaient sensiblement au dehors : aussi excitait-il toujours d'admirables mouvements dans les cœurs, et savait-il parler à chacun, sous l'inspiration de l'Esprit-Saint, le langage qui lui convenait.

Dans le temps qu'il séjournait à Viviers, il accompagnait un jour M. de la Baume en visite pastorale, lorsqu'on lui dit que, dans un village voisin, vivait une vieille huguenote extraordinairement obstinée ; que tous ceux qui avaient tenté de l'éclairer et de la tirer de l'hérésie avaient échoué, et qu'elle refusait de plus rien écouter. Régis, à ce récit, part sur-le-champ pour l'aller voir, et l'ayant trouvée assise sur la porte de sa maison, il s'adresse à elle et finit son exhortation par ces mots :

« — Comment, ma bonne Mère ! vous
« ne voulez pas vous convertir ? Mais
« vous serez damnée et je ne m'en conso-
« lerai pas !

« — Et qui vous dédirait, mon fils »,
répondit-elle, « vous me le demandez de
« si bonne grâce ! »

Et elle suivit le Père à Viviers, où il reçut lui-même son abjuration.

Nous devons dire ici avec le P. de la Broüe : « Il fallait bien qu'une vertu secrète
« et toute divine accompagnât ses paroles
« pour dompter si promptement et avec
« si peu d'appareil la rébellion d'une âme
« si longtemps indomptable. »

Toutes ses tentatives n'obtenaient pourtant pas un succès si facile, et l'on voit encore, adossée à la cour du château du Pradel (1), une petite chapelle dédiée à

(1) Le château du Pradel, ancienne résidence d'Olivier de Serres, appartient aujourd'hui à la famille de Watré.

saint Régis en mémoire d'un fait dont nous n'avons lu le récit dans aucun de ses historiens, mais que maintient la tradition locale. Le Vivarais était, à cette époque, habité, en majeure partie, par des huguenots, et le château du Pradel était la résidence de zélés protestants. Régis fut-il entraîné par son ardeur à prêcher la vérité, ou fut-il simplement reconnu en traversant une région hostile? Nous l'ignorons, mais la colère des hérétiques dont il combattait les erreurs lui fit un mauvais parti et, poursuivi par une troupe de ses ennemis, il était au moment de tomber entre leurs mains. Dans un danger si pressant, seul contre un grand nombre, il eut recours à la prière et, trouvant en face de lui une meule de foin, il put, avant d'être surpris, y pénétrer et s'y cacher.

Il était sur les terres, tout près de l'habitation, dans la cour même du château d'un de ses plus implacables adversaires; les soldats qui le cherchaient, certains de la direction qu'ils lui avaient vu prendre, demeurèrent longtemps autour de son refuge ; ils transpercèrent la meule de leurs longues piques et de leurs immenses hallebardes sans atteindre le missionnaire. Celui-ci, après leur départ, sortit sain et sauf de sa cachette et, rendant grâces à Dieu de la protection qu'il lui avait, une fois encore, visiblement accordée, il reprit bientôt le cours glorieux de ses prédications. C'est sur l'emplacement même de la meule de foin qui servit d'abri au bon Père que fut construite la chapelle demeurée comme un témoignage du salut miraculeux qu'y trouva saint Régis.

Elle y fut érigée (1) dès le retour au catholicisme des maîtres du Pradel et resta depuis lors le but d'un pèlerinage à la gloire du Saint vénéré dans le Vivarais (2).

(1) De 1690 à 1700.

(2) La chapelle actuelle doit être assez récente et sa construction ne doit pas remonter au delà de cent ou cent cinquante ans ; mais il en existait avant une autre plus petite dont on ne connaissait pas l'âge, et que l'on peut, sans témérité, faire remonter à l'époque indiquée.

Vers la fin d'août 1634, l'évêque de Viviers fut obligé d'interrompre la visite commencée de son diocèse pour se rendre à l'assemblée provinciale et assister ensuite, en qualité de député, à l'assemblée générale du clergé, à Saint-Germain-en-Laye.

En se séparant du saint missionnaire, le prélat écrivit au Père provincial à Toulouse, pour le remercier de lui avoir donné un homme *si puissant en œuvres et en paroles* auquel il n'avait, disait-il, à reprocher qu'une chose, c'était de se prodiguer sans aucun ménagement. « C'est à vous, ajoutait l'Evêque, d'employer votre autorité pour empêcher que le plus charitable des hommes envers les autres ait tant de dureté pour lui-même. »

Le Père recteur du collège du Puy écrivait, de son côté, en ces termes au Père général : « Tout le monde convient que le P. Régis a un talent merveilleux pour les missions, il est soutenu d'un zèle ardent pour la gloire de Dieu et il n'en a jamais donné de marques plus éclatantes que lorsqu'il a accompagné Monsieur l'Evêque de Viviers dans la visite de son diocèse. »

Mais Régis, de retour au Puy, apprenait qu'un vaste champ s'ouvrait aux ouvriers évangéliques : une mission au Canada, commencée l'année précédente (1633) par un jeune Jésuite nommé Paul Lejeune, réclamait des coopérateurs. En l'apprenant, le P. Régis crut voir naître l'occasion d'accomplir son vœu le plus cher, celui de prendre part à une mission lointaine et périlleuse. Il écrivit au P. Muzio Vitelleschi la lettre suivante :

Mon Très Révérend Père,

La paix en Jésus-Christ !

J'ai un si grand désir de la mission du royaume du Canada que je serais ennemi de moi-même et craindrais de me rendre coupable de négliger ma vocation si je célais à Votre Paternité les mouvements que je sens en moi sur ce sujet. Je les lui découvre donc volontiers et lui demande avec les plus ardentes prières que je puis, de vouloir seconder mes désirs. Et certes, j'ai si grande confiance en sa bonté que je ne doute presque pas que je n'obtienne ce que je demande. Votre Paternité sait, si je ne me trompe, que je suis assez robuste pour le corps ; plût à Dieu que je le fusse également pour la vertu ! Mais la vertu se perfectionne dans l'infirmité. La mienne, comme je l'espère, se perfectionnera, Dieu aidant, dans les infirmités qui ne peuvent manquer d'être fréquentes au milieu de cette nation perverse.

Du Puy, le 5 décembre de l'an 1634.

Voici la réponse faite à cette lettre par le général de la Compagnie de Jésus :

Mon Révérend Père,

La paix de Jésus-Christ !

Le noble zèle et les généreuses saillies de la gloire de Dieu et du salut des âmes que vous marquez m'ont fait plaisir, et j'en rends grâces à celui qui en est l'auteur. Il faudra y avoir égard quand ils seront à maturité. En attendant, il faut les nourrir par de ferventes prières et les fortifier par l'exercice des vertus pour surmonter les difficultés, non telles qu'elles paraissent maintenant de loin, mais telles qu'on les verra de près quand il faudra en venir aux mains. J'ajoute que ces sortes de mouvements inspirés d'en haut doivent être conservés et cultivés avec d'autant plus de soin qu'il est hors de doute qu'ils sont le prix du sang de Jésus-Christ. Ce qu'espérant que fera Votre Révérence beaucoup mieux que je ne saurais lui recommander, je me recommande plutôt moi-même à ses saints sacrifices.

De Rome, le 30 juin 1635.

Ce fut l'âme joyeuse que le saint homme résolut de se préparer dès lors à la vie de privations et de souffrances qui l'attendait dans ce lointain labeur. Mais quoi qu'il eût le désir de faire pour la gloire de Dieu, il le faisait ou le quittait aveuglément selon les ordres de l'obéissance, avouant que non seulement il ne voyait rien sur la terre, m aisqu'il ne concevait non plus dans le ciel rien de capable d'occuper un moment son esprit et son cœur, sinon Dieu.

« L'étroite union de Régis avec Dieu », dit le P. Bonnet, « n'était pas une simple « disposition qui ne durait que le temps

« de ses oraisons, c'était en lui un état
« habituel. »

Rien ne le déconcertait, rien ne le
troublait, rien ne lui faisait quitter, pas
même interrompre la moindre entreprise
pour la gloire de Dieu. On raconte qu'un
jour un jeune libertin qu'il avait con-
trarié dans ses projets de débauche le
saisit à la gorge, prêt à lui enfoncer le
poignard dans le sein. Régis, immobile,
sans changer de visage, transporté même
de joie par l'espoir de verser son sang
pour la cause de Dieu, présenta sa poitrine
à l'assassin sans prononcer d'autres mots
que les noms de Jésus et de Marie auxquels il demandait la grâce et le pardon
de celui qui se préparait à lui donner la
mort. « Prière bien sincère et qui fut
« efficace », écrit le P. de la Neuville,
« car elle désarma le meurtrier. »

Pendant que le P. Régis, en prévision
de son départ pour le Canada, multipliait
les rigueurs de sa pénitence, il fut envoyé
de nouveau dans le Vivarais où le comte

de la Mothe, témoin des succès étonnants de sa première mission, le demandait spécialement pour instruire les habitants de ses domaines. Avec l'autorisation de l'Evêque de Viviers et la permission de son supérieur, il repartit du Puy et fut reçu au Cheylard, séjour du comte. De là, comme dans ses autres missions, le P. Régis visitait les villages voisins et l'on ne peut s'imaginer ce qu'il eut à souffrir malgré les soins de son généreux ami; toujours marchant à pied, on le voyait, par les plus mauvais temps, à travers des chemins inondés, passer les torrents et les ravins, monter sur des rochers environnés de précipices pour gagner une pauvre cabane où il trouvait à instruire une famille que l'isolement de sa demeure avait réduite à l'abandon.

Il s'égarait souvent dans ces routes impraticables au milieu des bois, et un jour qu'il était monté dans un misérable hameau, il y fut surpris par la neige et y demeura plus de quinze jours sans pouvoir en redescendre. Ordinairement, il retournait chaque soir au Cheylard, mais il y rentrait épuisé, et dès le lendemain, néanmoins, il se remettait au travail sans s'accorder jamais un moment de relâche.

Etant un jour au village de Lachau, excessivement fatigué, il trouva, au sortir de l'église, une troupe de gens qui venait de fort loin. « Mon Père, lui dit l'un d'eux, ne nous refusez pas la consolation de vous entendre ; nous avons fait, depuis hier, douze lieues par d'horribles chemins pour avoir ce bonheur. »

Le saint missionnaire, attendri jusqu'aux larmes, rentra dans l'église avec eux, leur fit une exhortation pathétique, entendit leurs confessions, donna à chacun en particulier les conseils salutaires dont il avait besoin et il les renvoya résolus de vivre à l'avenir en véritables chrétiens.

Nous trouvons dans une lettre du comte de la Mothe au comte de la Tour Maubourg l'expression de son admiration pour le P. Régis : « Les peuples, écrivait le seigneur du Cheylard, le regardent comme un saint et reçoivent ses instructions comme des oracles ; aussi a-t-il fait tout ce ce qu'il a voulu. Les fruits qu'il a produits passent tout ce que je puis vous en dire ; non seulement il a converti plusieurs hérétiques et un grand nombre de pécheurs, mais je sais encore qu'il a réglé la vie de quantité d'ecclésiastiques dont la conduite ne répondait pas à la sainteté de leur profession ; qu'il a mené plusieurs religieux à la perfection de leur état ; que toute la noblesse du pays a mis en lui sa confiance ; qu'il s'est fait une réformation générale des mœurs ; en un mot, je regarde la mission comme un des plus signalés bienfaits que j'aie reçus de la main libérale de Dieu. »

Aussi le comte fonda-t-il une mission pour assurer aux habitants de ses terres la continuation de ce bienfait, donnant, pour l'établir, un capital de seize mille livres et une habitation qu'il avait dans la ville où se fixèrent deux missionnaires.

Du château du Cheylard, le P. Régis passa à Privas. Dans cette ville où les calvinistes étaient encore nombreux, son air de simplicité, loin d'attirer les habitants, commença par les éloigner. On le fuyait de telle sorte, dit le P. de la Neuville, qu'il ne lui resta d'autre parti que de redoubler de prières et de prêcher la religion par ses exemples, ne pouvant presque pas la faire connaître par ses discours à des gens qui n'étaient nullement disposés à les écouter.

Il s'appliqua surtout à secourir les pauvres, le comte de la Mothe lui fournissant d'abondantes aumônes qu'il distribuait sans distinction entre les hérétiques et les catholiques ; et toujours il accompagnait ses dons de quelques instructions proportionnées à la capacité de ceux à qui il parlait. Il visitait aussi les hôpitaux et les prisons, ne trouvant nulle part rien qu'il estimât trop bas pour s'en occuper, et ne vivant que du pain de la charité.

Un si grand dévouement, de si rares

exemples d'humilité frappèrent enfin les hérétiques et, peu à peu, ses catéchismes, ses sermons et ses conférences de controverse réunirent des auditeurs en si grand nombre que presque tous les calvinistes de la ville furent convertis par sa parole et que rien ne manqua aux succès de cette mission, commencée sous de défavorables auspices.

CHAPITRE XIII

DIOCÈSE DE VALENCE

Vers la fin de l'année 1635, le P. Régis fut demandé par l'évêque de Valence (Claude Gelas de Leberon), pour une mission dans son diocèse. Avant de la commencer, il voulut voir le P. Labatut, recteur du collège d'Aubenas, dans les lumières duquel il avait grande confiance. Il partit pour l'aller trouver afin de s'entretenir avec lui sur l'espérance qu'il gardait d'être envoyé au Canada. Ce Père était instruit des résultats prodigieux obtenus par la parole et le dévouement de Régis sur le sol de la France, et quoiqu'il entrevît là pour lui, et pas ailleurs, la tâche que lui réservait la divine Providence, il ne le détourna pas, cependant, des vues que son zèle lui faisait embrasser si ardemment pour l'avenir.

Notre saint missionnaire écrivit donc, le 21 novembre, au P. Vitelleschi, une seconde lettre, en ces termes :

Mon Très Révérend Père,

La paix de Jésus-Christ!

Votre Paternité, par une bonté toute singulière, avait bien voulu répondre à ma lettre et me promettre qu'elle aurait égard à mon désir touchant la mission du Canada, aussitôt qu'il serait mûr. Voilà déjà un an entier qui s'écoule depuis sa naissance : il a souffert l'hiver entier, il a fleuri pendant tout le printemps, il a mûri pendant tout l'été; il doit sans doute être mûr à l'automne. Je vous prie donc et vous conjure au nom de Dieu, mon Père, d'avoir la bonté de le cueillir et de le choisir. Et quoiqu'il y ait des gens qui me détournent de demander cette mission parce qu'il leur semble qu'elle est trop difficile à obtenir, soit qu'ils attribuent cette difficulté à mes défauts personnels ou à un certain destin de notre province, ce que je leur laisse à examiner, je ne désespère pas, néanmoins, cette même mission, ou surtout que votre

Paternité m'inspire, par sa lettre, une grande espérance de l'obtenir. Je la supplie donc instamment de me dire ce qu'elle m'ordonne et de m'ordonner ce qu'il lui plaira.

De votre Paternité, le très humble et très obéissant serviteur en Jésus-Christ.

Jean-François RÉGIS,

A Aubenas, le 21 novembre 1635.

Sous la plume ou dans la bouche du P. Régis, le mot d'obéissance avait une signification absolue. « Ceux qui ont eu « le bonheur de vivre quelque temps avec « lui », dit le P. de la Broüe, « ont pro- « testé que jamais ils ne lui ont vu trans- « gresser aucune de nos règles, quelque « prétexte ou quelque attrait qu'il y eût. « On lui eût aussi tôt arraché la langue « qu'une parole dans le temps du silence, « sans nécessité ou sans permission; et « tandis qu'il était ou régent ou écolier, « on n'a jamais ouï un mot de sa bouche « qu'en latin, au temps où la règle or- « donne de parler en cette langue, au

« point que s'il avait commencé un dis-
« cours dans la ville et qu'il fût obligé de le
« continuer dans le collège, il changeait
« incontinent de langage, et, sans se
« mettre en peine de ce qu'on pourrait
« dire ou penser, achevait en latin ce
« qu'il avait commencé en français.

« Ce que je trouve le plus digne d'ad-
« miration, c'est qu'on l'a souvent tiré
« du milieu des grands emplois des chaires
« et des missions pour l'attacher aux plus
« basses classes de grammaire, sans que
« jamais on ait ouï de sa bouche un mot
« qui semblât tendre à blâmer les supé-
« rieurs ou à désapprouver leur conduite.

« C'était une merveille de voir avec quelle
« égalité d'esprit il tenait à l'étroit, dans
« une classe, parmi de petits enfants, la
« grandeur et l'étendue d'un zèle à qui le
« monde était petit.

« Lorsque le supérieur commandait
« quelque chose, et qu'il voyait des rai-
« sons pour le contraire, il les représen-
« tait avec tant de modestie qu'il donnait

« bien à connaître qu'il obéissait à la
« règle qui veut qu'on en use ainsi, plutôt
« qu'il ne cherchait à autoriser ses in-
« clinations. Aussi n'était-il pas moins
« content quand on ne déférait point à
« ses remontrances que quand elles étaient
« reçues avec toute sorte d'approbation.

« Il ne disputait jamais s'il devait aban-
« donner une occupation dès que l'obéis-
« sance l'appelait à une autre, et il est ar-
« rivé qu'ayant commencé d'entendre la
« confession d'une âme qui lui était fort
« précieuse et qui avait grand besoin de
« son secours, il ne laissa pas de la ren-
« voyer incontinent sans achever de l'en-
« tendre pour ne pas différer d'obéir au
« supérieur qui le faisait appeler (1). »

Après avoir écrit et fait partir sa demande au Père général, Régis se rendit
immédiatement à Sainte-Agrève pour
l'ouverture de sa nouvelle mission.

Comme dans les pays qu'il avait déjà

-----

(1) P. de la Broüe, l. II, c. III.

parcourus, il eut à y combattre l'hérésie, l'indifférence, l'ignorance et tous les vices que fait naître un tel état parmi des peuples grossiers. Au nombre de ces vices, l'ivrognerie était le plus invétéré dans la contrée. Des querelles en étaient la suite, quelquefois sous prétexte de religion entre catholiques et protestants, mais le plus souvent sans un motif aussi sérieux ; et le soir du dimanche, surtout, amenait, à la fin d'une journée passée dans l'oisiveté, des rixes et des scandales.

Informé un jour que dans un cabaret où étaient rassemblés un certain nombre des habitants, on tenait des propos impies, Régis, avec le zèle qui l'anime toujours, ne prend aucun souci de la réception qui le menace au milieu d'une troupe de blasphémateurs avinés ; il se rend inopinément parmi eux, et avec la gravité et la fermeté calme qui le caractérisent, il représente à ces malheureux égarés la honte de leur conduite. Surpris, ils se taisent et le laissent parler, lorsqu'un d'eux, plus hardi, s'avance vers le missionnaire, et levant sur lui une main furieuse, applique un soufflet sur sa joue. « Mon frère », lui dit Régis, sans témoigner aucun ressentiment, « si vous me « connaissiez, vous trouveriez que j'en « mérite davantage. » Les spectateurs confus, étonnés, mais charmés, furent conquis par tant de douceur, et firent des excuses de la conduite de leur compagnon.

Quant au saint homme, il fut joyeux d'avoir arrêté le scandale au prix d'un traitement injurieux qui donnait à ses travaux quelque ressemblance avec les douleurs souffertes par son divin Maître.

Nous retrouvons, dans les récits de cette mission, des faits semblables à ceux que nous avons déjà racontés dans les précédentes, mais on ne se lasse pas de voir les mêmes vertus recueillir les mêmes triomphes; et l'admiration va croissant en présence de l'héroïsme constant dont l'ardeur s'anime en raison des besoins qui se multiplient; nous ne saurions voir sans étonnement l'humilité qui accueille avec joie les travaux les plus pénibles et les accomplit doucement, les regardant comme le partage qui lui est dû, et s'y livrant comme au devoir.

Accusé plus d'une fois d'indiscrétion et presque de folie, son héroïque amour de la croix apprenait au P. Régis le secret de ne jamais ouvrir ses lèvres à la plainte, de ne chercher jamais la justification qui lui eût été si facile, l'apologie si nécessaire à l'amour-propre tant qu'il en reste en l'âme la moindre étincelle, car on sait, dit un de nos vieux auteurs (P. de la Broüe), de quelle délicatesse est notre cœur quand nous sommes accusés sans fondement, et plus encore quand on nous fait un crime de ce qui devrait tourner à notre gloire.

« Un Père de notre compagnie m'a dit « lui-même », nous dit encore le P. de la Broüe, « que ne pouvant assez admirer « en lui cette constance à ne s'excuser « jamais parmi tant d'occasions et en des

« circonstances si chatouilleuses, il fit
« résolution d'en faire un nouvel essai et
« de la mettre à l'épreuve pour voir une
« bonne fois jusqu'où elle pouvait s'éten-
« dre. L'ayant donc abordé un jour après
« le repas, il commence à censurer sa
« conduite, à reprendre toutes ses façons
« de faire et à lui témoigner que ses
« meilleures actions lui paraissent fort
« suspectes. Il lui met en avant tout ce
« qu'on disait de lui, lui reproche cent
« choses et autres cent, et le blâme hau-
« tement de tout ce dont il se peut aviser
« avec quelque sorte d'apparence. Une si
« rude attaque n'ébranla point son esprit ;
« il conserva sa paix et sa modestie tout
« entières et l'écouta jusqu'au bout sans
« lui répondre un seul mot ni lui faire
« paraître que cette correction était un
« peu trop sévère, surtout venant d'un
« homme qui n'était point supérieur et
« qui n'avait jamais eu de pouvoir sur
« lui. »

Voici une autre preuve de son héroïque

et ferme humilité ; nous en empruntons le récit au même ouvrage.

« Un jour que le P. Régis faisait voyage, « son compagnon lui dit que les supé- « rieurs seraient pour le blâmer de je ne « sais quelle faute dont il n'était pas « coupable, et dont on avait fait grand « bruit. Le Père répondit doucement qu'il « se -remettait de tout à la volonté de « Dieu ; et quoique son compagnon qui « savait très bien comme la chose s'était « passée, pût beaucoup servir à sa justi- « fication, jamais il ne le sollicita de « rendre témoignage à son innocence. Il « ne lui dit pas seulement un mot pour « lui faire connaître que, puisqu'il savait « la vérité, il lui ferait plaisir de parler « en sa faveur. »

Dans l'habitude de la vie, Régis unissait les rigueurs des anachorètes aux travaux des apôtres. De faux sages voulurent lui faire regarder comme des excès blâmables ses mortifications ; des amis, quoique vertueux, osèrent lui faire scrupule d'une vie si austère ; ils le pressaient de descendre de la croix ; mais plus éclairé qu'eux dans cette science suréminente de la croix de Jésus-Christ, instruit et fortifié intérieurement par son Maître, y étant une fois attaché avec lui, comme lui, il n'en descendit qu'après la mort, dit un de ses principaux historiens (1).

Aussi, partout où la douleur faisait sentir son amertume, partout où les larmes coulaient, le charme pénétrant de la sainteté de Régis attirait et captivait les âmes.

Quel spectacle nous offrent ces populations instruites, consolées, régénérées par ses soins, le suivant à son départ, l'accompagnant des jours entiers au risque de manquer de nourriture, s'arrêtant à son ordre pour produire des actes de contrition et d'amour de Dieu, faisant retentir d'hymnes sacrées les échos de ces hautes montagnes dont l'aspect seul élève vers le Créateur l'esprit le moins porté à

(1) P. de la Neuville.

la réflexion ! Et les bonnes gens des campagnes qu'il traversait venant grossir la troupe qui le suivait, à mesure que le *Saint* avançait dans sa marche !

C'est avec ce pieux cortège que, parti de Sainte-Agrève, on le vit arriver à Saint-André de Fangas où l'attendaient déjà dans l'église, avec les habitants du village, une quantité de personnes de distinction.

L'homme apostolique, continue le P. de la Neuville, auquel nous empruntons ces détails, entra donc dans l'église, et fit d'abord un discours touchant dont tous les cœurs furent émus et attendris ; puis comme toujours, quand il descendit de chaire, sans tenir compte de la fatigue qui l'accablait, plusieurs de ses auditeurs se jetèrent à ses genoux pour le supplier d'entendre leurs confessions, et il entra dans le confessionnal où il demeura bien avant dans la nuit.

« Quelquefois, cependant, il voyageait en
« solitude avec son seul compagnon, et il
« arrivait souvent qu'il ne savait où aller

« chercher son gîte et sa nourriture. Mais
« comme il ne songeait pas à prendre ce
« soin, la Providence de Dieu le prenait
« pour lui et il se trouvait toujours quel-
« qu'un qui lui offrait le couvert et lui
« donnait du pain pour l'amour de Dieu.

« Il m'a raconté lui-même » (c'est au
P. de la Broüe que nous laissons la parole),
« qu'un jour, après avoir bien marché
« depuis le matin jusqu'au soir, il ne
« trouva d'autre retraite qu'une hôtelle-
« rie de village où tous étaient huguenots
« et, par conséquent, fort peu amis des
« Jésuites. Quoiqu'il n'eût pas un sol et
« qu'il sût bien que sa bourse n'était pas
« pour modérer l'aversion que sa robe
« pouvait causer à son hôte, néanmoins
« voyant que son compagnon était déjà
« épuisé de faim et de lassitude, il com-
« manda le souper avec autant de har-
« diesse que s'il eût un grand accès dans
« cette maison ou la bourse la mieux
« garnie du monde.

« Tandis que le souper se prépare, il

« monte en une chambre pour prier Dieu,
« et y rencontre de jeunes hommes qui
« avaient les cartes à la main et ne s'at-
« tendaient pas à cette visite. Les ayant
« salués fort civilement, il va s'asseoir
« auprès d'eux, comme s'il eût eu dessein
« de se divertir un peu à les voir jouer ;
« mais, en effet, pour faire quelque con-
« quête et voir si, dans ce jeu, il pourrait
« gagner quelque àme à Dieu.

« Ces jeunes étrangers, qui n'étaient
« guère faits à voir de tels spectateurs dans
« leurs divertisements, commencèrent à
« en faire eux-mêmes leur spectacle, et se
« regardant l'un l'autre sous le chapeau,
« se parlant par énigmes et se jetant des
« paroles à double sens avec des éclats de
« rire et des momeries insolentes, don-
« naient assez à connaître qu'ils avaient
« changé de jeu et tourné leurs pensées à
« se rire et à se moquer de lui.

« Le Père jugea bien que c'était le démon
« qui, par cette mauvaise disposition,
« voulait fermer leurs oreilles à ses dis-

» « cours ou l'obliger lui-même à se retirer
« et à ne mugueter plus cette proie ; il se
« résolut donc de tourner contre lui ses
« propres finesses, et prenant occasion de
« cette incivilité, commença à leur parler
« des devoirs de la charité chrétienne, de
« la modestie, de la douceur et de la civi-
« lité, dont elle veut qu'on use envers tout
« le monde ; et il leur représenta ensuite
« l'indignité de leur faute avec des paroles
« si efficaces, qu'encore qu'ils fussent tous
« huguenots, ils en furent touchés jus-
« qu'à lui demander pardon et, pour faire
« quelque satisfaction, recommandèrent à
« l'hôte de bien traiter ce bon Père et de
« ne point prendre de son argent, pro-
« mettant eux-mêmes de payer toute la
« dépense qu'il aurait faite.

« N'est-ce pas une preuve bien illustre
« des soins que la Providence prenait de
« lui, lorsqu'il faisait état de s'abandonner
« lui-même ? Et ne pouvons-nous pas dire
« que, se servant de cette sorte de gens
« pour subvenir à la nécessité de son ser-

« viteur, elle a paru presque aussi mer-
« veilleuse que lorsqu'elle ordonnait au
« corbeau de nourrir le prophète dans le
« désert ?

« Le compagnon de saint Régis était
« alors le P. Bensac, et c'est à Chambon
« que le fait est arrivé. »

Dans un autre village, Régis était logé
chez le curé, lorsque, à la nuit, un enfant
de sept ans, courant avec étourderie dans
l'obscurité, tomba du haut d'un escalier
et attira par ses cris et le bruit de sa
chute tous les gens du logis.

C'était le neveu du curé, et celui-ci,
inquiet, se rendait en hâte vers le lieu
de l'accident, quand le Père l'aborda pour
lui dire : « Rassurez-vous, l'enfant est
« tombé, mais il est sauf et ne s'est fait
« aucun mal », puis il se remit en prières.

Chacun fut persuadé que le serviteur
de Dieu avait obtenu une miraculeuse
préservation et qu'il avait été, au même
instant, intérieurement averti que sa
demande était exaucée, car il n'avait pas

eu le temps de l'apprendre par les témoins de l'événement, occupés à relever et à consoler l'enfant effrayé.

L'hiver de 1636 eut, dans les montagnes que parcourait Régis, d'exceptionnelles rigueurs, et les habitants du pays, quelque accoutumés qu'ils fussent à la rudesse de la température, n'osaient presque pas sortir de chez eux, de peur d'être ensevelis dans les neiges ou entraînés par les torrents.

Aussi, malgré les instances faites au P. Régis par le curé de Marlhes, le P. Bensac était d'avis qu'il était impossible de répondre à ses désirs ; mais Régis ne partagea pas son opinion et il partit sans tenir compte des périls auxquels il s'exposait. Toutefois, il convint dans la suite que jamais il n'avait essuyé plus de fatigues ni couru de si grands risques que pendant ce voyage. Le P. Bensac, lorsqu'il en parlait, disait, de son côté, qu'il tenait pour un miracle de s'être tirés sains et saufs des dangers auxquels ils s'étaient exposés et qu'il l'attribuait à la sainteté du P. Régis qui, s'appuyant sur Dieu seul, ne perdit jamais rien de sa tranquillité.

Ce Père a fait lui-même l'aveu que, dans un moment d'effroi, « il reprochait à Régis, non sans quelque amertume, de l'avoir engagé témérairement et inutilement dans une pareille entreprise. Le Saint lui répondit doucement : « Quoi « donc ! mon frère, perdrez-vous votre « cœur pour si peu de chose ? C'est le « Seigneur qui nous sert de guide ; que « ne devons-nous pas attendre de sa con- « duite ? Voici une occasion que le Ciel nous « offre d'augmenter notre couronne. »

« Mais, continuait le Père, je l'écoutais à peine, tant j'étais saisi de peur. Je m'imaginais à tout moment que j'allais rouler dans un abîme, disparaître dans la neige ou me sentir dévorer par les loups. Cependant les exhortations du saint homme ne laissaient pas de me soutenir. »

Le P. Régis et son compagnon arrivèrent enfin à Marlhes, demi-morts de froid et de lassitude.

Mais les fatigues seules qu'ils avaient supportées en se rendant à l'appel du curé, étaient déjà, pour les peuples qui les attendaient, une prédication et un attrait ; la renommée qui s'attachait à la sainteté du missionnaire grandissait chaque jour et les preuves, renouvelées à chaque instant, de sa charité, le faisaient partout vénérer et chérir. Il n'avait, par cet hiver froid, qu'un manteau fort usé, et certes, les intempéries et surtout les buissons aux épines desquels s'étaient déchirés les vêtements du saint missionnaire lorsqu'il parcourait à pied les campagnes, étaient bien propres à les rendre semblables aux habits des pauvres gens qu'il allait visiter.

Quelques jours après son arrivée à Marlhes, une femme ayant vu des trous à son manteau, demanda au Père la permission de le raccommoder. Son offre fut acceptée, l'ouvrière se mit à l'œuvre et conserva pieusement les morceaux qu'elle avait remplacés. Peu de temps après, ses deux enfants étant tombés malades, elle leur appliqua ces lambeaux d'étoffe qu'elle considérait comme de saintes reliques, et ses fils, en effet, recouvrèrent immédiatement la santé.

Nous verrons désormais, avant et après la mort du P. Régis, se multiplier les miracles dus à son intercession ; « l'homme « de Dieu », dit un de ses anciens historiens, « continuant ses œuvres de charité, « le Seigneur continuait de le seconder « par des prodiges (1). »

En 1716, le P. Daubenton, dans son avertissement à la vie du bienheureux Jean-François Régis (2), écrivait ces mots : « Comme nous vivons dans un siècle où l'on semble se faire gloire de s'éloigner de la sainte simplicité et pieuse crédulité de nos pères, il se trouvera

(1) P. de la Neuville.
(2) Edition in-4°. — Bibliothèque du Puy.

peut-être des gens qui n'approuveront pas qu'on ait rapporté dans cette histoire tant de miracles qu'il a plu à Dieu d'opérer par l'intercession de l'homme apostolique; mais je ne crois pas que l'on doive avoir le moindre égard pour ces prétendus esprits forts qui font profession de rejeter tous les miracles, comme si le bras de Dieu était raccourci et qu'il eût renoncé à glorifier ses serviteurs sur la terre. »

La même apologie pourrait être plus nécessaire encore dans le temps où nous écrivons nous-même, mais aujourd'hui comme alors, « c'est principalement pour les personnes de piété que l'on raconte la vie des saints », et nous rapporterons fidèlement les faits dont la mémoire est conservée pieusement par les générations successives qui ont vécu sur les lieux illustrés par des faits que l'Eglise a consacrés.

Mais revenons à Marlhes et laissons la parole au curé Jacques André qui devint chanoine du Puy ; il nous dira qu'après la mission du P. Régis, il ne reconnaissait plus ses paroissiens; et nous lisons dans sa déposition juridique que, durant l'espace d'un mois, le bon Père entendit, dans sa paroisse, plus de deux mille confessions, presque toutes générales. « Il écoutait, dit-il, plus volontiers celles des pauvres que celles des personnes de qualité, se dévouant tout entier au service des malheureux qu'il secourait et qu'il servait avec la tendresse d'un père.

« Il était dans une amère affliction quand il apprenait que Dieu avait été offensé. Ce n'était que dans ces occasions-là qu'il oubliait sa douceur naturelle et il aurait sacrifié mille fois sa vie pour empêcher un seul péché mortel. Souvent, une parole lui suffisait pour embraser le cœur le plus dur. Il communiquait aux autres son intrépidité; on méprisait, pour le suivre et l'entendre, les dangers qu'il bravait lui-même. Je l'ai vu, par les temps les plus rigoureux, s'arrêter, monter sur un monceau de neige et parler à un auditoire nombreux. Sa sainteté et sa douceur, voilà les charmes qui attiraient toutes les populations à sa suite, car, quoique très exact, il n'était pas scrupuleux et il a toujours témoigné de l'aversion pour cette sévérité qui gêne les consciences et écarte les faibles des sacrements, disant quelquefois à ce propos que l'on prend beaucoup plus de mouches avec un peu de miel qu'avec beaucoup de fiel. »

Après un hiver passé dans de si incessants travaux, Régis disait que, loin d'en être fatigué, il s'était senti plus de force en terminant la carrière qu'au commencement, et qu'il serait prêt à recommencer immédiatement si ses supérieurs le lui ordonnaient.

En avril 1636, il retourna au Puy où l'attendait une réponse du P. général Vitelleschi ; mais il goûta, dans cette seconde lettre, moins de satisfaction qu'il n'en avait conçu la première fois, car il y voyait ses espérances ajournées et, par conséquent, incertaines.

Bien qu'affligé, il se soumit à la volonté de ses supérieurs, dans laquelle il voyait la manifestation de la volonté de Dieu même, et il chercha, dans d'autres travaux, la consolation de cette peine.

CHAPITRE XIV

SAINT RÉGIS AU PUY. — MIRACLES

Sera-ce interrompre le récit de la vie sainte que nous écrivons et nous écarter du but poursuivi, que de faire part à ceux qui veulent bien nous suivre, des réflexions que nous inspire le courage indomptable de l'âme avec laquelle ce travail nous met en contact ?

Les saints croient et ils aiment. Ils aiment parce qu'ils croient. Leur foi vivante et logique les conduit à l'héroïsme.

Essayer de marcher sur la trace des saints, même en restant loin par derrière, ce serait tenter un effort : l'exemple est-il trop haut ? Nous paraît-il inimitable et hors de notre portée ?

Pour moi, je l'ose dire, quelque obscure et perdue dans la foule que soit mon existence, j'ai senti naître en moi et croître le désir de combattre l'erreur, de chercher à détruire les illusions perverses, de ramener par la charité vraie ceux que leur ignorance égare et qui se laissent trop facilement tromper; j'ai la conviction que si, dans la mesure possible, nous savions mettre au service des petits qui nous entourent la supériorité qu'ils nous envient, nous obtiendrions plus souvent ce que nous n'osons pas espérer et chercher.

Notre place est petite, sans doute; la clarté que nous aurions à répandre ne jetterait qu'une faible lueur, j'en demeure d'accord. Mais eussions-nous le sentiment qu'elle est inutile et perdue, qu'en savons-nous? Notre devoir consiste à ne la point éteindre. Notre-Seigneur nous l'a confiée; il permet au souffle du vent d'emporter la semence qui germera sur une terre lointaine, inculte et isolée; de cette graine, un jour, doit éclore la fleur ou mûrir le fruit que Dieu destine à charmer le regard ou à rafraîchir la bouche du voyageur altéré. En les découvrant, celui-ci bénira la prévoyante Providence.

Un conseil, un exemple, un acte de bonté peuvent aussi germer un jour dans les cœurs qui les auront reçus avec une indifférence apparente. Vous n'en saurez rien, peut-être, mais Notre-Seigneur, pour l'amour duquel vous aurez agi ou parlé, s'en souviendra.

Nous allons désormais, captivés de plus en plus par le charme et l'autorité qui rayonnent d'une âme sainte, voir grandir encore, avec son incomparable humilité, les succès comme les travaux du P. Régis; mais nous verrons aussi la persécution s'acharner contre des œuvres saintement hardies, condamnées par les esprits incapables de mesurer la hauteur à laquelle s'élève une âme éprise du seul amour de Dieu et n'ayant d'autre passion que de le servir.

La ville si pittoresque du Puy, couron-

née à son sommet par l'imposante cathédrale à laquelle on ne parvient qu'après
une longue et pénible ascension, devint, à
dater du printemps de 1636, le centre d'où
le P. Régis exerça son apostolat durant
ses quatre dernières années.

La capitale du Velay n'avait pas laissé
l'hérésie s'introduire dans ses murs, mais,
dit le P. de la Neuville, les habitants
n'avaient pas été aussi heureux à conserver la pureté de leurs mœurs que l'intégrité de leur foi, et à l'époque où nous
sommes parvenus, Juste de Serres, qui en
était évêque, ne fut pas moins charmé
d'avoir à sa disposition un missionnaire
comme Régis que celui-ci ne fut ravi
de voir un champ si vaste ouvert à son
zèle.

La cellule occupée au collège des Jésuites
par le P. Régis est aujourd'hui transformée en chapelle, chapelle bien dépourvue d'ornements, dont les murailles nues
et la vaste fenêtre donnant sur une cour
intérieure permettent à l'imagination la

moins créatrice de se représenter au juste la pauvreté d'une chambre de religieux.

Quelle qu'elle soit, et peut-être parce qu'elle est telle que nous le disons, l'émotion du souvenir, le respect de la sainteté dominent notre cœur à la vue de ces murs où n'a demeuré, après le serviteur de Jésus-Christ, que Celui au service duquel a été consacrée sa vie ; pieux hommage rendu à la sainte mémoire que garde fidèlement la tradition.

Au Puy, comme dans ses missions précédentes, Régis résolut de consacrer l'été aux habitants de la ville, réservant l'hiver pour les pauvres gens des campagnes. Il y commença dès le mois d'avril ses catéchismes et ses prédications dans l'église du collège, et quoiqu'il eût toujours principalement en vue les enfants et le peuple, les personnes les plus qualifiées, attirées par sa réputation, s'empressèrent pour l'écouter. La foule était si grande que les places étaient toutes prises avant que l'instruction commençât; tous ceux qui pouvaient y assister publiaient qu'ils préféraient la sainte simplicité du missionnaire à l'éloquence étudiée des plus fameux prédicateurs. L'église des Jésuites se trouva trop petite, et celle des Bénédictins, quoique plus vaste, devint insuffisante encore, bien que toutes les tribunes y fussent occupées et qu'on dressât des échafauds entre les doubles rangs de ces tribunes.

Il y avait dans le même temps, à la cathédrale, un prédicateur de carême qui, voyant déserter l'église où il prêchait, alla trouver le Provincial, le P. Filleau, qui faisait sa visite au collège du Puy, pour lui représenter que le R. Père était, à la vérité, un saint, mais qu'il prêchait fort mal et il lui dit que, pour peu que lui, son supérieur, eût de zèle pour la parole de Dieu, il devrait interdire la chaire à un homme qui l'annonçait d'une manière si vile et si basse. Le Provincial, qui comprit aisément le motif d'un tel discours, répondit au prédicateur qu'il ferait attention à ce qu'il lui disait et il l'engagea à venir le lendemain entendre le R. Père avec lui. Ils y allèrent en effet ; le Provincial ne fit que pleurer et dit au prédicateur qui n'était guère moins touché que lui : « Plût à Dieu que tout le monde prêchât avec cette divine onction ! Laissons parler le saint homme avec sa simplicité apostolique, le doigt de Dieu est ici. »

« Ce témoignage est illustre », dit un contemporain (1), « et pour en faire état, « il ne faut qu'avoir connu le mérite et « les grandes qualités de celui qui l'a « rendu. »

Il est vrai que ce qui contribuait le plus au succès du P. Régis était, là comme ailleurs, son éminente sainteté et surtout son incomparable charité pour les malheureux. On le voyait, au sortir de chaire, tout épuisé et couvert de sueur, courir dans les hôpitaux, dans les maisons des pauvres et dans les prisons pour visiter

(1) P. de la Broüe.

ceux qu'il traitait comme ses enfants de prédilection.

Après ces grands travaux, lisons-nous encore dans les récits du P. de la Broüe, quand il rentrait à la maison, un de nos Pères, qui le rencontrait quelquefois, lui disait en riant : « Eh bien, Père Régis, « en bonne foi, n'êtes-vous pas bien las « et bien épuisé ? — Non, lui répliquait-il, « je suis frais comme une rose, je ne me « lasse point, et qu'est cela ? Il me semble « que je ne fais rien. »

Il avait su inspirer une partie de sa tendresse envers les créatures les plus déshéritées à une société de dames qu'il engageait à soulager surtout des misères cachées, souvent sans aucune ressource, leur enseignant à s'en occuper avec une sage et charitable économie.

Mettant en Dieu seul toute sa confiance, il se reposait uniquement sur lui en tout ce qu'il entreprenait à sa gloire, et dans cette confiance il a puisé le don de satisfaire aux besoins des pauvres, non seulement par les abondantes aumônes qu'il provoquait et recueillait en leur faveur, mais encore par la multiplication miraculeuse du grain qu'il leur distribua pendant une année de disette (1637). C'est un fait attesté par plusieurs témoins, au nombre desquels figurent les noms de deux consuls de la ville du Puy et celui de Marguerite Baud qui en fut témoin et acteur, et qui s'exprime ainsi dans sa déposition :

« Voici, dit-elle, ce que j'ai à faire connaître de singulier : le P. Régis, pour subvenir aux besoins des indigents, avait chez moi un grand coffre où était serré le blé qu'il leur destinait. J'en gardais la clef et j'étais chargée par lui de distribuer ce blé sur son ordre. Un jour qu'il n'en restait plus, le Père m'envoya une femme dans le plus grand besoin, m'ordonnant de lui fournir du grain. Je répondis qu'il n'y en avait plus du tout, et je m'en allai sur l'heure trouver le P. Régis pour l'en avertir, mais il me répliqua : « Allez-y

« voir et revenez me dire ce que vous
« en avez. » Je lui fis observer que j'étais
sûre qu'il n'en restait pas, mais il persista
à me répéter d'y aller et même à me dire
d'en donner ; alors, pour obéir, j'allai
ouvrir le coffre que j'avais fermé à clef,
et en l'ouvrant, il déborde de toutes parts
tant il est rempli ; et une mesure entière
en tomba. Toute surprise de cette merveille, après avoir donné des grains à la
pauvre femme, je sortis, et voyant le
P. Régis qui traversait la rue, je courus
après lui pour lui faire part du prodige ;
mais le serviteur de Dieu, sans vouloir
m'écouter, me dit en souriant que les
greniers du Seigneur étaient toujours
abondamment fournis.

« Une autre fois, j'avais nettoyé la
caisse et il n'y restait pas un seul grain ;
j'en parlais au Père pour lui demander
qu'il voulût bien en acheter, quand il me
dit qu'il y en avait ; moi, je répliquai
encore que non, puisque j'en étais sûre,
et je lui dis qu'il était bien singulier

qu'il m'affirmàt pareille chose, quand j'avais balayé le coffre vide et que je l'avais fermé avec la clef qui ne m'avait pas quittée. Et comme il continuait néanmoins à m'assurer qu'il y avait du blé dans le coffre, pour lui obéir, je rentrai chez moi et l'ouvris, et je le trouvai plein ; il contenait environ quarante quartes.

« Une autre fois encore, il ne restait plus dans ce coffre qu'une demi-quarte de grain, et le Père me donnant l'ordre d'en distribuer à différentes personnes, je lui représentai que, n'ayant plus qu'une demi-quarte, je ne pourrais, sur-le-champ, en donner à tant de monde. Le Père me dit : « Allez, il y a du blé pour eux tous dans « votre coffre. » Je partis donc, et sur la parole de ce grand serviteur de Dieu, j'ouvris la caisse que je trouvai remplie à moitié et je puis affirmer que, pendant la disette, j'en ai tiré une quantité prodigieuse de grain. »

Comme la famine augmenta considérablement le nombre des malades dans la ville et dans les hôpitaux, Régis aussi sembla se multiplier. « Je ne sais rien de ce qui s'est passé dans les autres missions, dit un des témoins du procès, mais au Puy, j'ai vu le serviteur de Dieu obsédé par une foule incroyable de pénitents et principalement de pauvres dans l'église de la maison de la société de Jésus. Il avait, au collège, un magasin d'habits fripés, de vieux souliers et de chemises rapiécées, dans une chambre qu'il appelait son trésor, où il rassemblait tous les dons qu'on lui faisait pour les indigents. Depuis l'âge de sept ans, je l'ai vu, trois fois par semaine, catéchisant et distribuant des aumônes, et toujours ces distributions étaient suivies d'actions de grâces ; et non seulement dans la maison des Pères, mais dans toute la ville du Puy, Régis exerçait les actes de la plus grande miséricorde spirituelle et temporelle, se levant promptement la nuit et persévérant sans interruption dans cette charité patiente et prévoyante étendue à tous les lieux, à tous les temps et à toutes sortes de personnes (1). »

C'est ainsi que dans la saison des moissons, il s'occupait spécialement des moissonneurs. Les réunissant pendant leurs heures de repos, sur les places ou dans les chemins du Puy, avec un zèle infatigable, il instruisait de la doctrine chrétienne et exhortait à faire leur salut, ces pauvres gens dont l'ignorance lui faisait compassion.

Sa pitié envers les malades se traduisit souvent par des miracles de guérison, et se trouvant un jour chez une femme abandonnée des médecins qu'il venait de confesser au moment où elle commençait d'agoniser, il fut attendri par la vue d'une troupe d'enfants qui allaient devenir orphelins et sans ressources par la mort de leur mère.

Ceux-ci s'aperçurent de son émotion et ils le supplièrent de les prendre en pitié ;

(1) Déposition de Claude-Gaspard Guiguon.

aussitôt, il trempa la médaille de son chapelet dans de l'eau qu'il fit boire à la malade après l'avoir bénite, et cette femme se leva à l'instant dans une santé parfaite.

Une jeune fille dont le travail était aussi nécessaire à sa famille éprouva de même les effets de sa charité. Le fait est ainsi rapporté par une habitante du Puy (1) :

« Si je connais l'existence du P. Régis, dit-elle, c'est pour lui avoir vu faire des miracles.

« J'étais jeune fille et l'on m'envoya au collège chercher ce Père pour confesser une de mes compagnes qui avait la fièvre. Il vint immédiatement, et le jour suivant, comme j'allais entendre la messe dans l'église du collège, il me reconnut et me pria de revenir lui donner des nouvelles. Je n'y manquai pas, et comme je lui dis que la malade n'était pas bien, il se rendit de nouveau chez elle, lui demanda comment elle se trouvait et elle répondit

____

(1) Isabelle Sauron.

qu'elle se sentait très mal. Alors le Père lui dit : « Ayez courage, ma fille, j'ai ici « une médaille d'une grande vertu » ; et s'étant fait apporter une écuelle pleine d'eau, il y déposa la médaille, et se mettant à genoux près du lit pour prier Dieu, il fit sur l'eau le signe de la croix et en fit boire à la malade, disant : « Fièvre, « quitte cette fille dont la santé est néces- « saire pour qu'elle gagne son pain et « celui de sa famille. » Et la fièvre cessa incontinent.

On racontait encore qu'une de ses pénitentes souffrait d'une douleur violente sur les yeux, et qu'ayant le dessein de faire une neuvaine pour être soulagée, elle ne voulut l'entreprendre qu'après en avoir communiqué le projet à son confesseur. Cette femme était à l'église pour lui demander la permission de l'exécuter, et comme elle attendait que le Père eût achevé d'entendre une confession qui dura longtemps, elle s'en retourna sans avoir pu lui parler, et se trouva guérie sur l'heure. Le lendemain, elle fut lui raconter tout ce qui s'était passé, et il attribua cette grâce à l'obéissance qu'elle avait voulu lui rendre (1).

Tant de faveurs du ciel augmentèrent encore dans l'homme apostolique le zèle de la conversion des âmes, et c'est particu-lièrement alors qu'on le vit, au seul récit de quelque désordre, pleurer à chaudes larmes et tomber en pàmoison.

Il pleurait aussi à la vue des plaies et des misères qu'il rencontrait sans cesse, car il les cherchait, et nulle infortune n'échappait à sa charité. Un pauvre homme qu'il avait trouvé couvert d'ulcères et de vermine, après avoir reçu de lui tous les services que savait prodiguer sa bonté ingénieuse et sans bornes, s'efforçait un jour de lui en témoigner sa reconnais-sance : « Mon cher frère », lui dit le saint homme, en le serrant sur son cœur attendri, « c'est à moi de vous remercier. Ce

(1) P. de la Broüe.

« que je fais pour vous n'est rien auprès
« de ce que je voudrais faire et de *ce*
« *que je vous dois*. Pardonnez-moi seule-
« ment d'avoir commencé si tard à vous
« secourir. »

Quelquefois il demandait au médecin
ou à l'apothicaire quelques visites par
aumône, et lorsqu'il était obligé de quitter
un pauvre dangereusement malade, il
savait substituer à sa place quelqu'un des
charitables volontaires qu'il élevait en
toutes les villes pour l'aider à soulager les
malheureux.

Souvent il portait lui-même chez les
pauvres les objets nécessaires dont il les
voyait dépourvus, et l'on a conservé longtemps au Puy, comme une relique, une
chaise qu'il avait donnée ainsi à une
pauvre femme qui ne pouvait sortir.

« Je ne doute pas », dit le P. de la
Broüe, « que la tendresse qui paraissait
« sur sa face lorsqu'il présentait de sa
« main aux indigents les aumônes qu'il
« pouvait faire ne fût la plus douce conso-

« lation qui revînt à ces pauvres gens ; et
« ils étaient demi-guéris de voir avec quel
« amour il s'empressait pour les guérir. »

Ne vivant que pour le service des pauvres, il ne sortait que pour eux et n'avait pas d'autre but. On raconte qu'un Jésuite venu de Lyon et passant par le Puy avait demandé au Père recteur de lui donner quelqu'un pour lui faire voir ce qu'il y avait de curieux à visiter dans la ville ; le P. Régis, ayant été désigné ou s'étant offert lui-même (car il était plein d'obligeance) pour accompagner le religieux étranger, il demanda à celui-ci de vouloir bien permettre qu'il entrât, en passant, chez un homme gravement malade. Le Père y consentit et il accompagna son guide ; puis, emporté par son attrait, au sortir de cette maison, Régis demande encore la permission d'entrer dans une autre, et dans une troisième, et une quatrième, si bien que, voyant arriver la nuit, il fut tout honteux et ne sut comment s'excuser auprès du Jésuite lyonnais. Mais celui-ci déclara que la manière dont Régis parlait des choses divines avait eu, pour lui, plus de charmes que la plus belle ville du monde.

Nous citerons encore une guérison miraculeuse entre celles qui se rapportent à ce temps de la vie du P. Régis, parce qu'elle eut lieu en faveur d'une personne pieuse, dévouée aux œuvres dont il s'occupait. Appelé auprès d'elle, il la trouva dans un état désespéré et le médecin lui dit même que sa présence ne saurait être d'un grand secours, la malade ayant perdu connaissance. Affligé à la pensée de perdre cette vertueuse fille, Régis pria la famille de le laisser seul auprès d'elle avec son compagnon, et s'étant mis à genoux, les yeux remplis de larmes, il pria avec ardeur, puis, en se relevant, il appela cette jeune fille par son nom et lui dit ensuite : « Rendez grâces à Dieu qui a la bonté de « prolonger vos jours pour que vous le « serviez avec plus de ferveur et que vous « soigniez mieux aussi les pauvres, ses

«'enfants. » Puis, il alla rejoindre le médecin et les parents de cette demoiselle,
leur disant qu'il ne pensait pas qu'on dût
s'alarmer autant de son état, qu'il ne la
croyait pas si mal. Et lorsque, après son
départ, ils interrogèrent la malade qu'ils
trouvèrent, en effet, sans fièvre, elle répondit qu'elle ignorait ce qui était arrivé,
qu'elle savait seulement que, restée seule
avec le P. Régis et son compagnon, elle
avait entendu le saint homme l'exhorter
à bien servir Dieu et qu'il s'était retiré.

CHAPITRE XV

SAINT RÉGIS AU PUY,
SON COURAGE ET SES PRÉDICTIONS

Suivant le témoignage de ceux qui ont connu le P. Régis, l'âme ardente, le courage actif, la foi communicative de ce saint religieux opérèrent dans la ville du Puy une entière transformation et donnèrent à son Eglise une forme nouvelle ; ceci fut affirmé juridiquement par Juste le Blanc de Chantemule, alors grand vicaire à l'Evêché.

« Dieu, dit-il, accorda à la patience et au zèle héroïques du saint homme des succès qui surpassèrent l'attente générale. Il ramena à Dieu une quantité de pécheurs de tout âge, de tout caractère et de toutes conditions, bannit du Puy tous les vices, et d'une des villes les plus débordées du royaume, en fit une des plus saintes. Ceux qui ont assisté à ce changement ont eu peine à croire ce qu'ils voyaient de leurs yeux.

« Aussi, ajoute le grand vicaire, le Père était estimé et chéri de toute la noblesse, des ecclésiastiques, des religieux et particulièrement de l'Evêque. »

Cependant, malgré cette estime et toute la vénération inspirée par ses vertus, il combattit le vice bien trop ouvertement pour ne pas rencontrer des adversaires qui opposèrent leur audace à son courage. Et il trouva, en outre, la résistance plus cachée, mais par cela même peut-être plus difficile à détruire, des tièdes et des lâches ; car, sous prétexte de prudence ou de modération, certains esprits ont coutume de reculer aussitôt qu'on leur propose d'opposer la hardiesse aux hardiesses du mal.

Régis croyait ne rien faire tant qu'il

ne donnait pas sa vie pour le service du prochain. Il poursuivit à outrance, et souvent au péril de son existence, le salut de l'innocence menacée ; et pour retirer de l'abîme du déshonneur et de la honte les âmes déjà tombées, on le vit s'exposer aux propos injurieux, aux jugements injustes et à tous les dangers que lui suscitait le mécontentement de ceux auxquels il enlevait les victimes ou les occasions d'une vie de débauche et de scandale.

Préoccupé, un jour, de préserver d'un péril imminent une jeune personne qu'il y savait exposée, il se dirigeait vers l'asile qu'il lui avait fait ouvrir, lorsqu'il se vit assailli par une troupe de libertins qui, l'épée à la main, étaient déterminés à lui ravir leur proie en perçant, s'il le fallait, de leurs coups le généreux défenseur de cette pauvre fille. En voyant approcher ces furieux, Régis s'arrête, et leur présentant sa poitrine : « Frappez », dit-il, « je consens à perdre la vie, et vous « pouvez me l'ôter, mais vous n'aurez

« pas, moi vivant, l'innocente brebis dont
« Dieu m'a fait le pasteur. » Les agresseurs se retirèrent devant cet héroïsme
à la fois si grand, si simple et si ferme.

Et ce fait n'est point unique, c'est cent
fois qu'on vit son courage triompher des
attaques auxquelles il opposait pour toutes
armes l'ardeur de sa charité et la seule
résolution d'abandonner sa vie plutôt que
le salut des âmes. Aussi, quand la colère
et la passion vaincues cessaient de résister, le repentir et l'admiration leur
succédaient ordinairement.

C'est ainsi que trois jeunes cavaliers,
exaspérés contre Régis, qu'ils regardaient
comme l'ennemi acharné de leurs plaisirs,
s'en allèrent au déclin du jour le demander
au collège, lui faisant dire simplement
qu'ils avaient à lui parler. Le Père répondit
qu'il savait pourquoi ils venaient et il
ordonna qu'on les fît entrer dans l'église
où, bientôt, il alla les rejoindre : « Vous
« en voulez à ma vie », leur dit-il, en les
abordant, « ce n'est point là ce qui

« m'effraie, mais l'état de damnation où
« vous avez mis vos âmes par ce dessein
« et par votre conduite. » Surpris de voir
découvert un projet qu'ils n'avaient révélé
à personne, ces jeunes gens, désarmés à
sa vue, se jetèrent aux pieds du Père, et
celui qui avait la plus grande part au
complot lui demanda de le confesser
sur-le-champ ; les autres revinrent le
lendemain.

Il arriva aussi que des gens mal inten-
tionnés l'ayant appelé la nuit, sous prétexte de le conduire près d'un malade,
l'emmenèrent et l'accablèrent de mauvais
traitements, après l'avoir attiré dans un
endroit écarté et désert où il les avait
suivis sans méfiance ; ainsi, dans l'intérêt
d'une vengeance aussi cruelle qu'injuste,
ses ennemis abusaient sans scrupules de
l'admirable charité qu'ils connaissaient et
qui lui interdisait, à toute heure, de
refuser aucun service.

Il gardait habituellement le silence sur
ces aventures, et c'est de la bouche de

ceux mêmes qui l'avaient offensé qu'on les a recueillies ; quelquefois aussi, des témoins inattendus y ont providentiellement assisté et les ont fait connaître.

Mais en voici une qui fut publique. C'était pendant les trois derniers jours du carnaval de l'année 1638 ; l'église des Jésuites était, suivant l'usage adopté par les Pères, ornée magnifiquement et le Saint-Sacrement y était exposé. Quelques jeunes écervelés, dont le visage était masqué, suivaient la foule qui se rendait au collège, attirée autant par la curiosité que par la dévotion. Ils s'arrêtèrent devant l'église avec des tambours et des hautbois et commencèrent par faire un bruit étourdissant et scandaleux.

Lorsqu'il l'entendit, Régis sortit et pria doucement « les acteurs de ce triste spectacle de choisir un autre théâtre pour en faire la représentation, afin de ne pas troubler la dévotion du peuple. » Repoussé avec arrogance, il s'anime et reproche énergiquement leur conduite aux perturbateurs du saint lieu ; puis il donne l'ordre aux musiciens et aux tambours de cesser de jouer.

Ceux-ci s'arrêtent ; alors, un des meneurs de la bande, qui se croyait en droit de faire prévaloir un ordre contraire, s'emporte et frappe la joue du saint homme qui, reprenant, sous l'insulte. toute sa mansuétude, se contente de présenter l'autre côté de son visage à son insolent adversaire.

A cette vue, le peuple, dont Régis était vénéré, prend parti pour le religieux, et l'affaire fut prise en main par les magistrats qui voulaient le venger publiquement de l'injure publiquement reçue. Ils le firent donc comparaître, après en avoir obtenu l'autorisation du Recteur, et lui demandèrent le nom de celui qui l'avait aussi grossièrement maltraité ; mais quoiqu'il l'eût parfaitement reconnu, Régis n'en voulut rien dire et pria qu'on n'en parlât plus.

Il eut, quelques jours après, la consolation de voir venir à lui et de réconcilier avec Dieu celui dont il avait, par son silence, ménagé l'amour-propre et sauvé la réputation.

Une autre fois, il arriva qu'ayant été trouver un magistrat, afin de le prier d'intervenir et d'user de son autorité pour interdire un spectacle inconvenant par lequel un bateleur attirait la foule sur la place principale du Puy, Régis reçut une réponse assez froide. Mais il insista et représenta si vivement les désordres que l'effronterie et l'impudence d'une comédienne répandaient au sein des familles qu'il décida enfin à le suivre, celui qui était responsable de la police, et qu'il obtint, séance tenante, sur le lieu même du scandale, que ce magistrat défendît publiquement à cette fille de reparaître sur le théâtre.

Il ne vit pas toujours, cependant, la magistrature servir avec le même soin les intérêts de la morale et de la vérité, et il ressentit à quelque temps de là un amer chagrin à propos d'un scandale donné par une femme que son mari fit enfermer, mais dont le complice, riche et puissant, obtint la mise en liberté. Régis, affligé, fut, au nom du mari offensé et de la morale outragée, trouver le juge infidèle et lui fit des représentations sévères sur l'iniquité de sa conduite, l'engageant à suspendre, au moins, l'exécution de la sentence injuste qu'il avait rendue pour plaire à un homme en faveur et coupable. Mais le juge, gagné, congédia brusquement le religieux.

Comme celui-ci, « pénétré de douleur, « s'en retournait au collège, il entra en « passant », dit le P. de la Neuville, « chez « M. Dryde, son ami, pour lui décharger « son cœur. Après lui avoir raconté ce « qui venait de se passer, il demeura « quelque temps immobile, appuyé sur un « buffet et le visage enflammé; puis tout « à coup, revenant à lui, il se leva avec « l'action d'un homme qui se réveille en « sursaut, et frappant le buffet de sa « main : Le lâche, s'écria-t-il, qui compte

« pour rien l'offense à Dieu ! Avant que
« l'année se passe, Dieu sera vengé ! »

La mort du magistrat, arrivée en effet
dans l'année, vérifia la prédiction du Saint.

Ce don de prophétie fut manifesté en
plusieurs circonstances. Un médecin célèbre du Puy (1) a déposé que le vénérable
religieux avait pénétré, par une lumière
divine, dans les replis les plus secrets
de son âme et qu'il lui avait fait des
prédictions que les événements de sa
vie justifièrent.

Des preuves nombreuses en ont été
fournies par ceux mêmes qui y étaient
intéressés et qui ont vérifié la justesse de
chacune de ces prédictions. Parmi les plus
célèbres, en voici deux qui contribuèrent
à établir la réputation du *saint Père* ou
du *bon Père,* car c'est ainsi qu'on appelait
Régis.

Une mère désespérée par la condamna-
tion à mort de son fils, et n'attendant plus
de consolation sur la terre, s'en vint au-

(1) Jacques Jacmon.

près de Régis, espérant trouver dans sa foi et dans ses conseils le courage dont elle avait besoin pour supporter un coup si cruel. « Ne vous tourmentez pas autant « pour le corps que pour l'âme de votre « fils », lui dit-il. « Craignez pour lui les « jugements de Dieu qui peuvent le con- « damner à la mort éternelle, plutôt que « le jugement des hommes. » Puis, s'étant recueilli quelques instants, il ajouta avec assurance : « Ayez confiance en la bonté « divine, votre fils ne mourra pas, comme « vous le croyez, sur la potence. »

La mère désolée vit tant de certitude dans l'accent avec lequel étaient pronon-cées ces paroles, qu'à son tour, elle en attendit l'effet, en priant, mais avec assu-rance. Et quelques heures après, on venait la chercher et elle pressait dans ses bras le fils qu'elle avait cru perdu.

Condamné au dernier supplice, ce mal-heureux jeune homme avait subi son arrêt, mais, détaché de la potence par la compagnie des confrères des agonisants, et porté par eux à l'église des Carmes pour y être enterré, il avait été trouvé plein de vie.

Le second fait a été plus connu encore du public ; il se rattache à la manufacture de dentelles établie au Puy. Régis, à la vigilance et à la charité duquel rien n'échappait, avait donné une grande part de sa sollicitude aux pauvres ouvrières dont cette fabrique était la vie, et il partagea leur peine lorsqu'un édit de Louis XIII en ordonna la suppression.

Entouré des victimes que cette décision menaçait de plonger dans la misère, touché de leurs sanglots et cherchant à leur procurer quelque adoucissement dans leur angoisse : « Mes filles », leur dit-il tout à coup, « reprenez bon courage, mettez en « Dieu votre confiance ; la manufacture « sera rétablie, elle refleurira et redevien- « dra prospère, et solidement, cette fois. »

Le saint homme fixa même le moment de la réouverture qui eut lieu au temps indiqué par lui, un second édit du roi mieux éclairé ayant anéanti les suites du premier.

C'est en mémoire de cette prédiction et de la joie que sa réalisation répandit au sein des familles laborieuses et pauvres de la ville, que subsiste encore aujourd'hui pour les dentellières du Puy la coutume d'assister à une messe qu'elles font célébrer à l'église du collège en reconnaissance du bienfait que leur avait prédit saint Régis, le 16 juin, jour de sa fête. Elles regardent le *saint Père* comme le patron de leur industrie, et chaque année sont en grand nombre à la neuvaine qui précède la célébration de la fête de saint François Régis.

Celui-ci fit encore à un jeune homme du monde, livré tout entier en ce temps-là aux espérances de richesse et de bonheur que semblait lui présager un prochain avenir, une prédiction qui se trouva pleinement justifiée, en dépit des apparences les plus contraires.

Ce gentilhomme, nommé Marcelin du

Fornel, de Saint-Didier en Velay, était sur le point de contracter une alliance des plus brillantes ; et comme il en faisait part au P. Régis, ami de sa famille, déroulant devant lui et les avantages que lui promettait son mariage et les projets qu'il l'autorisait à former : « Vous « vous trompez », lui dit le Père, « votre « ambition sera déçue, et vous serez, avant « un an, novice dans notre compagnie. »

M. du Fornel traita de rêve la prédiction du Jésuite et partit plein de joie pour Valence où il allait se faire recevoir docteur en droit.

Mais avant qu'un long temps se fût écoulé, l'union projetée fut rompue ; le jeune homme, attristé, devint irrésolu sur le choix de sa carrière, et bientôt il donna raison aux paroles du P. Régis en se rendant à Toulouse pour entrer au noviciat de la Compagnie de Jésus dans laquelle il devint un célèbre et zélé prédicateur.

CHAPITRE XVI

Une des œuvres principales de Régis pendant son séjour au Puy, c'était, nous l'avons dit, la conversion des pécheresses ; il parvint à en ramener un certain nombre dans les voies de la pénitence et de la vertu ; mais pour mieux assurer la persévérance de celles qui étaient le plus exposées à retomber, il résolut de fonder une maison où, sous la direction d'une personne dévouée, un certain nombre d'entre elles pussent mener une vie laborieuse et honnête.

Il avait d'abord placé quelques-unes de ses protégées chez diverses personnes riches et pieuses qui avaient consenti à

les recevoir ; et afin que la charge n'en
devînt pas trop lourde, il demandait à
d'autres, qui ne les logeaient pas, le moyen
de les aider par des aumônes que lui-
même recueillait et employait à cette
œuvre. Une âme généreuse s'était prêtée
longtemps avec zèle à ce que voulait le
P. Régis, lorsqu'elle déclara qu'elle ne
pouvait plus se charger des nouvelles
converties, et dit au Père qu'il eût à
pourvoir ailleurs à leur logement et à
leur nourriture.

C'est sous l'impression du mécontentement causé à ses parents par l'emploi
qu'elle faisait de ses revenus, et plus
encore froissée d'un procédé blessant dont
elle croyait avoir à se plaindre de la
part d'un Jésuite du collège, que Made-
moiselle X. avait pris ce parti.

Régis fut d'abord inquiet de cette
résolution qu'il était loin d'attendre de
la part d'une personne qu'il croyait de
si grande vertu ; mais sur quelques
indices il en découvrit la cause, et lui

dit avec émotion : « Serait-il donc possible
« que vous vous en prissiez à Dieu de
« l'injure que vous prétendez avoir reçue
« d'un homme, et voudriez-vous vous
« venger sur tant d'âmes innocentes, du
« mal que vous croyez vous avoir été
« fait? »

Et comme la bonne demoiselle ajouta
« que ces malheureuses la volaient et
« qu'il voulait la faire dévorer jusqu'aux
« oreilles », le Père la pria de regarder
le crucifix tout nu, et en le lui montrant,
s'écria : « Ce nous serait trop d'honneur
« de mourir sur un fumier pour l'amour
« de lui. »

Ces paroles firent l'impression qu'elles
devaient produire, mais Régis résolut dès
lors d'exécuter au plus tôt son dessein
et il s'en ouvrit à l'Evêque qui l'approuva.

Fort de cet appui, il communiqua son
plan au Recteur qui gouvernait alors le
collège du Puy, le P. Sébastien Vineau.
C'était un homme d'un caractère indécis
et craintif qui représenta à Régis toutes

les difficultés qu'offrirait une semblable
entreprise ; il chercha donc à la lui faire
au moins ajourner. Mais le saint homme,
après s'être recueilli pour chercher le
secours qu'il trouvait d'ordinaire dans
l'oraison, fut convaincu qu'il ferait, par
cette fondation, l'œuvre de Dieu ; il fit
observer à son supérieur qu'il était sûr,
au contraire, de trouver, dans le moment
présent, des ressources qu'il s'exposait à
voir lui échapper plus tard, s'il ne se
hâtait d'en profiter ; il en obtint alors
le consentement souhaité.

Autorisé, le P. Régis commençait avec
le zèle dont il était capable, les démarches
nécessaires et parvenait à se procurer
assez d'argent pour acheter et meubler
une maison où il réunit une vingtaine
de pécheresses auxquelles il donna lui-
même un règlement, leur consacrant une
part de son temps et tout son dévouement.

« Que ne faisait-il pas », dit le P. de
la Broüe, « pour épurer ces âmes toutes
« de boue et spiritualiser ces esprits qui

« n'avaient presque pas d'autres idées que
« celles de leurs désordres ! Il leur faisait
« enseigner tout ce qu'un bon chrétien
« doit savoir et, les visitant souvent avec
« des tendresses paternelles, il leur faisait
« des remontrances en forme de petites
« exhortations qui les affermissaient dans
« le dessein de bien vivre et de faire péni-
« tence de leur vie passée.

« Et de vrai, si son zèle était illustre à
« combattre leurs mauvaises habitudes, il
« ne l'était pas moins à vaincre leurs ten-
« tations. Tant de belles instructions qu'il
« leur donnait tous les jours n'effaçaient
« pas assez toutes les images du passé
« pour leur en faire perdre le souvenir.
« Les rébellions de la chair et le désir de
« la liberté en attiraient plusieurs à leurs
« anciennes débauches, avec tant de vio-
« lence qu'il ne fallait pas une moindre
« vertu que celle du P. Régis pour les
« ramener. Il gagnait sur elles, avec un
« mot, tout ce à quoi les plus belles remon-
« trances des autres avaient été inutiles.

« Sa présence apaisait les troubles, les
« divisions et les querelles ; et là où plu-
« sieurs personnes de grande vertu et de
« grande autorité avaient bien souvent
« employé sans fruit toute leur industrie,
« dès que le bon Père se présentait, elles
« couraient se prosterner à ses pieds et ne
« témoignaient pas moins de soumission
« à ses paroles qu'à des arrêts et à des
« oracles du ciel.

« Dieu lui avait communiqué une grâce
« si particulière pour la conversion de ces
« pécheresses, qu'à peine laissait-il passer
« deux jours sans en gagner quelqu'une
« à Notre-Seigneur, pour l'amour duquel
« il n'avait pas honte de les faire panser
« de leurs maladies infâmes et de pourvoir
« à leur nourriture jusqu'à ce qu'il eût
« mis en assurance leur retour à la vertu,
« sous la conduite d'un honnête mari ou
« sous la garde de quelque sage maîtresse.

« Ces glorieuses conquêtes lui coûtaient
« bien des larmes et des combats ; il fallait
« surmonter les oppositions de ceux qui

« n'approuvaient pas cet emploi, le croyant
« moins utile que dangereux. Il fallait
« essuyer le blâme et les reproches de ses
« amis, supporter les discours des mau-
« vaises langues, et ce qui le fâchait le
« plus, il fallait soutenir la pusillanimité
« des bonnes filles à qui il en donnait la
« conduite. La mauvaise humeur de ces
« perdues et la difficulté de les gouverner
« réduisaient quelquefois celles qui les
« conduisaient au point d'en abandonner
« la charge et de les renvoyer de la mai-
« son. Alors il les encourageait et il leur
« disait souvent qu'elles seraient trop heu-
« reuses quand, pour tous leurs travaux
« et toutes leurs fâcheries, elles n'auraient
« gagné autre chose que d'empêcher une
« seule fois que Dieu ne fût offensé.

« On lui vint dire un jour qu'un mé-
« chant homme avait chez lui une de ces
« pauvres filles qu'il vendait tous les jours
« par un commerce exécrable ; il part, à
« cette nouvelle, et va la lui demander
« avec des paroles pleines de civilité et

« des supplications très profondes ; et ne
« pouvant tirer de lui autre réponse,
« sinon qu'il n'était pas homme à tenir
« pareil bagage chez soi, et qu'il ne souf-
« frirait pas qu'il entrât dans sa maison
« pour y faire une visite qui lui serait si
« honteuse, Régis s'alluma d'un zèle qui
« paraîtrait indiscret s'il n'était autorisé
« par les exemples des saints ; et couvrant
« cet homme d'opprobre et de confusion,
« il entra incontinent dans cette maison
« infâme d'où il ne tarda guère à sortir
« victorieux, menant avec soi la proie pour
« laquelle il avait tant combattu (1). »

Au moment même où la communauté
naissante, due au P. Régis, annonçait devoir prospérer, une violente opposition fut
soulevée dans la ville ; la fondation nouvelle fut traitée d'insensée, des personnes
graves et haut placées furent gagnées à
cette opinion par des rapports faux ou
exagérés, et le Recteur, déjà disposé à voir

(1) P. de la Broüe, ch. XI.

au moins de l'imprudence dans la conduite de Régis, lui interdit absolument de mettre les pieds dans la maison du Refuge et de s'en occuper désormais, à moins qu'il ne trouvât quelque homme d'autorité qui voulût en prendre la direction.

On ne saurait dire ce qu'il fit et ce qu'il ne fit pas pour obliger quelqu'un à cette entreprise de charité ; mais enfin personne n'ayant voulu s'en charger, il fallut faire céder le zèle à l'obéissance et, quoique ses soupirs et ses larmes fussent des témoignages publics de l'extrême déplaisir qu'il avait d'abandonner ces pauvres malheureuses à la force des nouvelles occasions, l'humble religieux se soumit et, suivant sa coutume, il ne chercha pas davantage à se justifier ; il se vit, en outre, restreint en toutes choses et privé d'une partie des travaux que lui inspirait son active charité.

« Il sut », dit son historien, « se faire « violence à quitter, pour Dieu, des soins « qu'il n'avait pris que pour Dieu, et il fut « assez généreux pour faire, en même

« temps, comme autant de sacrifices qu'il
« voyait échapper d'âmes aux ferveurs de
« son zèle (1). »

On entreprit alors de le faire sortir du
Puy en s'adressant aux Jésuites eux-mêmes
dont plusieurs se laissèrent influencer par
le bruit qu'on fit à son sujet. « C'est »,
disait-on, « un dévot bizarre qui s'ingère
« dans le secret des familles et en trouble
« la paix; qui attaque les plus honnêtes
« gens et les peint des couleurs les plus
« odieuses; c'est un esprit faible qui, sur
« le rapport de la première visionnaire
« venue, fait le procès aux femmes les
« plus vertueuses et les déshonore dans
« toute la ville. Tout le monde s'étonne
« que vous n'apportiez pas remède aux
« égarements d'un de vos confrères; et
« les principales familles de la ville qu'il
« a offensées pourraient bien s'en venger
« sur votre maison; ceux mêmes qui vous
« sont le plus affectionnés condamnent

(1) P. de la Brouë, livre II, ch. III.

« votre imprudence ou votre peu de fer-
« meté de souffrir un homme qui, n'ayant
« ni bon sens, ni lumières, se fait l'inqui-
« siteur des femmes de mauvaise vie et le
« patron de celles qui, n'ayant plus le
« moyen de vivre aux dépens de leur hon-
« neur, ont trouvé le secret de l'engager
« à les faire vivre aux dépens du public.
« D'ailleurs est-il séant à un Jésuite de
« faire son occupation d'un tel ministère ?
« Et ne serait-il pas de la sagesse de vos
« supérieurs d'éloigner un homme qui
« vous expose à la vengeance de tant de
« personnes irritées (1) ? »

On avertit le serviteur de Dieu de ce qui
se passait ; il répondit que s'il n'avait à
combattre que le vice et les personnes
vicieuses, il s'en réjouirait, mais qu'il
était véritablement affligé d'avoir une
lutte à soutenir contre la vertu même.

Ce fut au fort de ces persécutions que
le Ciel le favorisa des grâces les plus sin-

(1) P. de la Neuville.

gulières, soit lorsqu'il célébrait les saints mystères, soit quand il priait au pied des autels où on le vit souvent absorbé par des ravissements ou des extases. Son union intime avec Dieu était révélée lorsqu'on le voyait s'arrêter en silence et se recueillir. Aussi, dit un témoin (1) de sa vie, lorsqu'au sortir de ce recueillement il nous exhortait au divin amour, il remuait profondément le cœur de ses auditeurs et les pénétrait. Il eut aussi, plus que jamais en ce temps-là, le don de connaître le fond des cœurs et de prédire les événements les plus éloignés.

Cependant, la résignation absolue qu'avait montrée Régis avait touché le Père Recteur qui, revenu pour lui à des sentiments plus favorables, lui redonna la liberté d'agir selon son inspiration, Et, peu de temps après, un secours manifeste de la Providence lui fut accordé par le départ du P. Vincau dont le caractère lui

____

(1) Cl. Sourdon, *Summ. sup. dub.*

avait apporté tant d'entraves et imposé tant de souffrances.

Le P. Ignace Arnoux, homme d'un esprit ferme, fut appelé à la tête du collège du Puy ; il apprécia promptement la valeur de celui que poursuivait une si violente et injuste persécution et prit bientôt chaleureusement la défense de Régis, en écrivant lui-même et en faisant écrire par le Père Provincial au général à Rome.

« Je ne doute pas, lui disait le P. Arnoux, qu'on ne vous écrive contre le P. Régis et les prétendus emportements de son zèle... C'est un infatigable ouvrier qui ne respire que la gloire divine. Il combat les vices avec le zèle d'un apôtre ; c'est uniquement ce qui a soulevé contre lui plusieurs pécheurs scandaleux, et quelques Pères du collège, alarmés du bruit que ces pécheurs faisaient dans la ville. Je puis vous assurer avec vérité que s'il fait la guerre au scandale, c'est toujours avec autant de douceur que de zèle, poursuivant vivement le péché, et ménageant la personne des pécheurs avec toute la douceur et la charité possibles. Tous les gens de bien le révèrent comme un saint..... Ses prédications sont suivies d'un nombre incroyable de conversions... et parmi tant de sujets de vanité, nul n'est plus humble que lui, et il excelle surtout dans la vertu de l'obéissance. »

Redevenu libre d'agir, le saint homme reprit le cours de ses bienfaits, mais la lutte que ses ennemis avaient engagée contre lui n'était pas terminée ; des attaques multipliées se renouvelèrent non seulement contre ses œuvres, mais aussi contre sa personne, et jamais il n'y répondit autrement qu'en pardonnant à ceux qui en voulaient à sa vie.

Plusieurs traits rapportés par des témoins oculaires en font foi, et l'un d'eux a raconté qu'il se trouvait dans un chemin écarté lorsqu'il vit le bon Père traverser un pré voisin pour aller au Refuge où venait de se retirer une nouvelle pénitente. Pour y entrer, cette femme avait abandonné la demeure d'un jeune homme qui, furieux contre Régis, le poursuivait à outrance, et se croyant, au même instant, seul avec lui, le saisit en disant : « Tu mourras de ma main », et le Père, doucement et avec mansuétude, lui répondit : « Donnez-moi seulement le temps de faire « un acte de contrition », et présentant ensuite sa poitrine nue à l'épée du meurtrier : « Je suis prêt », lui dit-il, « à « mourir pour Jésus-Christ ». Désarmé par tant de douceur unie à tant de courage, l'assassin n'exécuta pas son sanguinaire projet.

Mais un orage violent et public se préparait ; il éclata par la menace de mettre le feu au Refuge, si l'on n'obtenait sur-le-champ la mise en liberté de ses recluses volontaires.

Quelques jeunes fous ameutèrent le peuple, et mutins et curieux entouraient la maison chère au zèle du P. Régis. Celui-ci, immédiatement averti, demanda à son supérieur l'autorisation de courir

au secours de ses filles, car elles avaient
mis en lui leur confiance et il se devait à
elles. « Mais, mon Père, lui dit le Recteur,
que ferez-vous seul contre une troupe de
jeunes gens fougueux et insolents que la
passion transporte de fureur ? — « Je me
« mettrai », dit-il, « sur le seuil de la porte,
« et à moins qu'ils ne me tuent nul ne
« pénétrera dans la maison. »

Le P. Arnoux ne doutait pas de l'intrépidité de Régis, mais il redoutait justement que son indomptable courage ne
fût cause d'un malheur : « Je serais
responsable, lui dit-il, des excès auxquels
on pourrait se porter contre vous. » —
« Eh ! n'avez-vous pas peur », répliqua le
saint homme, « de vous rendre respon-
« sable de tant d'âmes qui sont en péril ?
« Je suis déterminé à mourir plutôt que
« de laisser détruire l'œuvre de Dieu ;
« je m'estimerais heureux, d'ailleurs, de
« perdre la vie pour une si belle cause. »

Vaincu par ces paroles, le Recteur cessa
de résister, espérant au fond du cœur

que la sainteté de Régis imposerait le respect.

Celui-ci partit donc, remettant à Dieu la conservation de sa vie ; mais persuadé qu'il marchait à la mort, il pria le P. Antoine de Mangeon, qu'il rencontra en sortant, de distribuer à ses pénitentes un peu d'argent qu'il tenait en réserve entre les mains du Père procureur du collège. « Il se tenait comme assuré de mourir en cette rencontre, disait ce Père, et il ne pouvait dissimuler sa joie. »

Mais il était à peine sorti, quand on lui annonça que la sédition était apaisée et que la grande quantité de monde accourue au secours des pénitentes avait mis les agresseurs en fuite.

Ce fut la dernière épreuve qu'eut à subir l'institution fondée par saint Régis ; il eut désormais la consolation de voir prospérer une œuvre qui, jusqu'à la fin, resta celle de sa prédilection.

« Il n'entreprenait pas un voyage qu'il « ne vînt prendre congé de ses pauvres

« pénitentes pour leur donner au départ
« sa bénédiction, et rallumer en elles le
« désir de réparer le passé. Il leur écrivait
« même étant en mission, ne les oubliant
« jamais parmi ses plus grandes occu-
« pations, comme il le témoigne dans une
« lettre que je veux mettre ici comme
« une sainte relique et un naïf caractère
« de sa bonté (1). »

Il s'adresse à la gouvernante de ses repenties en ces termes :

La paix de Notre-Seigneur soit avec vous !

Ma très chère sœur,

Je vous supplie de croire que je ne manque de me souvenir de vous et de toutes vos filles parmi mes plus pressantes occupations. Saluez-les de ma part et assurez-les que je leur suis et de vous nommément

Très affectionné serviteur en Notre-Seigneur,

JEAN-FRANÇOIS RÉGIS.

(1) P. de la Broüe, livre II, ch. III.

Dix ans après sa mort, le soin des pénitentes fut confié à des religieuses; et, la première maison étant devenue insuffisante, une seconde fut établie.

CHAPITRE XVII

MISSIONS DANS LE VELAY

C'est pendant l'été des quatre dernières années de sa vie que le saint missionnaire accomplit dans la ville du Puy tous les prodiges que nous avons racontés, car il employait les hivers à la sanctification des gens de la campagne, et nous allons voir les succès qu'y eut son ministère.

« Nous pouvons dire », écrit un des témoins de sa vie », qu'il trouva dans les « fatigues qu'il eut à souffrir et dans les « fruits abondants qu'il recueillit parmi « ce peuple, presque aussi sauvage que « les Hurons et les Iroquois, de quoi se

« dédommager du refus qu'on lui avait
« fait des missions du Canada (1). »

Fay est une petite ville située dans un
pays couvert de forêts et environnée de
montagnes inaccessibles ; l'hérésie s'y
était, pour ainsi dire, cantonnée, et ce
fut ce qui engagea le zélé missionnaire
à commencer par là ses travaux d'hiver.

Il se transporta donc à Fay au commencement de l'année 1636 ; Hugues Sourdon,
docteur en droit, l'un des plus considérables habitants du Puy, le pressa *de si
bonne grâce* de prendre son logement
chez lui que le Père y consentit. Le docteur reçut bientôt la récompense de sa
charité.

Il avait un fils âgé de quatorze ans
entièrement aveugle depuis six ans. A
peine Régis fut-il entré dans sa maison
qu'il lui présenta cet enfant. Le Saint,
touché de compassion, se mit en prières
et, sur-le-champ, le jeune aveugle recou-

(1) Comte de Latour Maubourg, *Summ. sup. dub.*

vra la vue et suivit le Père qui allait faire le catéchisme à l'église.

Le bruit de cette guérison fit espérer la même grâce à un homme affligé de la même infirmité ; celui-ci depuis huit ans ne voyait plus du tout ; il en avait quarante. Le serviteur de Dieu fit le signe de la croix sur ses yeux qui furent ouverts au moment même. Aussi vit-il autour de lui un concours extraordinaire, non seulement de fidèles, mais aussi de calvinistes qui, à l'égal des catholiques, le vénéraient et l'admiraient.

La vie apostolique du P. Régis semblait elle-même, aux yeux de tous, un miracle, car on le voyait occupé jour et nuit à faire le catéchisme ou à entendre les confessions, sans prendre ni repos ni nourriture. « Jamais marchand ne fut plus assidu à « sa banque qu'il l'était au tribunal de « conscience. Une demoiselle de condition « s'étant une fois aperçue que, depuis « l'aube du jour jusqu'à sept heures du « soir, il n'était pas sorti de l'église. eut

« la curiosité de lui demander pourquoi il
« n'était point allé dîner comme les autres.
« A quoi il repartit que la pensée du dîner
« ne lui était pas seulement venue.

« Il fallait bien », ajoute le P. de la
Broüe, « que son zèle fût maître de ses
« pensées et les occupât toutes. »

Implacable ennemi du vice, il tentait
tous les moyens de le déraciner ; sa charité patiente employait la douceur, la tendresse et les larmes ; il n'est pas de prière
que son humilité n'adressât aux pécheurs ;
mais après avoir, un mois durant, renouvelé auprès d'un riche bourgeois de la
petite ville de Fay, qui vivait dans une
liaison scandaleuse, les avertissements
bienveillants qu'il espérait devoir le faire
changer de conduite, il lui dit enfin que
Dieu se lasserait après tant de leçons s'il
n'en profitait pas, et en le suppliant de ne
pas négliger l'avis qu'il lui donnait, il le
prévint que s'il ne se repentait de sa vie
criminelle, il mourrait sans avoir le temps
d'implorer le pardon de ses fautes. Quel-

ques jours après, un coup de fusil atteignit accidentellement ce pécheur endurci qui mourut dans l'impénitence.

Claude Sourdon, celui-là même qui avait recouvré la vue par les prières de Régis, parle ainsi du séjour du saint homme chez ses parents (1) :

« J'ai toujours regardé comme une des plus grandes grâces que j'aie reçues du ciel l'honneur qu'ont eu mon père et ma mère de posséder chez eux le P. Jean-François Régis, pendant la mission qu'il fit dans ma patrie ; car on ne pouvait ni le voir ni l'entendre sans se sentir embrasé de l'amour divin.

« On eût dit que tous les peuples du Velay étaient rassemblés à Fay ; non content de les instruire et de les confesser tout le jour, il y passait une partie de ses nuits ; son zèle était infatigable ; ma mère faisait ce qu'elle pouvait pour le détourner des courses imprudentes qu'il

(1) Déposition de Claude Sourdon, *Procès*.

entreprenait par des temps où les plus hardis du pays n'osaient sortir de leurs maisons ; elle n'obtenait rien, on ne pouvait le retenir ; il partait à pied et à jeun, emportant quelquefois une pomme comme provision, pour ne revenir qu'à la nuit. Il ne se délassait d'un travail que par un autre. »

« Il semblait être fait à l'épreuve des « saisons et des injures du ciel, tant il « avait peu de soin de s'en garantir ; il « s'est trouvé partir sur la fin d'octobre « pour faire la mission dans les montagnes « où le froid est presque insupportable, « sans se souvenir de porter autre chose « pour s'en défendre qu'une méchante « soutane, un esprit généreux déterminé « à souffrir, et cette héroïque espérance « avec laquelle il se confiait à Dieu joyeu- « sement au milieu de ses plus rudes « labeurs (1). »

L'opinion et le souvenir de l'éminente

______

(1) P. de la Broüe.

sainteté du P. Régis demeurèrent si vivement imprimés dans la mémoire des habitants de Fay que Claude Sourdon, le témoin
dont nous citions à l'instant les paroles,
rend compte en ces termes de la mort de
sa mère, arrivée quelques années après
celle de Régis :

« Ma mère, qui reçut le serviteur de Dieu
et qui put l'observer pendant le temps de
ses missions apostoliques, nous a dit souvent à quel point elle avait confiance en
la sainteté du défunt Père, et, devenue
malade et se tenant au lit, moi et ma
sœur étions près d'elle. Elle prévoyait sa
mort contre l'opinion de M. le curé qui ne
voulait pas lui donner les saintes huiles
parce qu'il ne la trouvait pas aussi mal
qu'elle se voyait, et elle me parla ainsi :
« Mon fils, il n'est rien que je n'aie obtenu
« de ce que j'ai demandé à Dieu par l'in-
« tercession du P. Jean-François Régis ;
« ayez donc confiance en lui, et je te
« recommande qu'au moment de mon ago-
« nie qui est proche, toi et ta sœur à

« genoux, vous adressiez au saint Père
« une fervente prière pour qu'il daigne
« présenter mon âme délivrée des liens du
« corps à Notre-Seigneur Jésus-Christ. »
Nous obéîmes à ses ordres comme des
enfants soumis, au temps commandé, et
le même jour, peu de temps après avoir
fait cette prière auprès du lit de notre
mère, nous la vîmes faire un mouvement
d'inénarrable joie, en se tournant vers
nous : « Adieu », dit-elle, et ce disant, elle
expira. »

Les succès dont Dieu bénit à Fay les
travaux du P. Régis ne se peuvent exprimer. En les énumérant ici, nous crain-
drions de répéter ce que nous avons dit
ailleurs, et pourtant notre admiration ne
se lasse pas ; nous nous attachons d'autant
plus au héros humble et grand de notre
récit, que nous voyons se dérouler son
existence merveilleusement dépensée au
service des petits, des ignorants et des
coupables pour l'amour de Notre-Seigneur.
Notre vénération grandit moins en raison

des faveurs que nous lui voyons obtenir qu'en proportion de l'oubli où il vit de lui-même et que nous sentons aller croissant dans son âme embrasée de l'amour surnaturel et divin. Un mot donc suffira pour tout dire : la sanctification du pays tout entier devint, à Fay, le fruit de son zèle apostolique et le comte de Latour Maubourg qui en était seigneur en rendit témoignage dans l'enquête faite pour prouver la sainteté du serviteur de Dieu.

Au printemps de 1637, Régis retourna au Puy, pour ne recommencer qu'en novembre le pénible et fructueux ministère qu'il s'imposait pendant la mauvaise saison. Marlhes, où il était connu déjà et impatiemment attendu, fut cette fois le premier but vers lequel il se dirigea. Quand il partit, la terre était couverte de neige, et comme il traversait une des plus hautes montagnes du Velay et qu'il y fallait toujours marcher sur la glace, il arriva que, se tenant à des broussailles, la main et le pied lui manquèrent ; il tomba et se brisa une jambe. Malgré cet accident, appuyé d'un côté sur son bâton et de l'autre sur son compagnon, il fit encore deux lieues et gagna enfin le bourg. Il alla droit à l'église où il entendit les confessions d'un peuple nombreux qui l'attendait. Le curé, averti de ce qui s'était passé, alla le prier de se retirer, mais ce fut inutilement. Après avoir pleinement satisfait son zèle, il consentit à laisser visiter sa jambe qui se trouva parfaitement rétablie.

C'est le Saint lui-même qui a fait confidence de ce grand miracle à un ecclésiastique de ses amis, Maurice Boyer, curé de Vourcy, qui avait été son écolier et qui avait conservé pour son maître une vénération profonde. Touché des fatigues excessives dont il le voyait accablé dans une courte mission que donnait Régis à ses paroissiens, le curé lui dit un jour qu'il craignait pour sa vie, et l'homme de Dieu qui chérissait ce vertueux ecclésiastique crut devoir, pour calmer ses inquiétudes, lui faire confidence du miracle opéré quel-

ques mois auparavant sur lui-même lorsqu'il eut la jambe cassée. Il lui dit ensuite :
« Après une marque si visible de la bonté
« de Dieu sur moi, ne dois-je pas me repo-
« ser uniquement sur lui du soin de ma
« santé ? »

Aucune des missions qui avaient pré-
cédé celles de Marlhes n'avait été plus
abondante en résultats pour le salut des
peuples, mais aucune non plus n'occa-
sionna au missionnaire plus de fatigues.
L'homme apostolique y poussa si loin la
dureté pour son corps que le curé craignit
qu'un travail si opiniâtre, joint à des austérités plus grandes encore, ne nuisit enfin
à sa santé. Il lui représenta donc qu'il était
de son devoir de se ménager davantage,
que c'était une faute d'abuser de ses forces,
et il alla jusqu'à lui dire qu'il était homicide de lui-même. Mais Régis prenait à la
lettre ce conseil dicté par l'Esprit-Saint :
*Charge le Seigneur du souci de ta vie et
lui-même te nourrira ;* il répondit que sa
vie même était de se consumer pour Dieu

et de lui gagner des âmes, réponse que le curé entendit avec admiration, mais après laquelle il écrivait au P. Ignace Arnoux : « Les fatigues du P. Régis sont sans mesure aussi bien que ses abstinences, et il serait nécessaire que vous me commissiez votre autorité pour le pouvoir régler sur ce point ; sans cela il tombera dans une entière défaillance. »

Le Père reçut aussitôt du Recteur l'ordre d'obéir au curé de Marlhes comme à lui-même. Il n'en fallut pas davantage à l'humble serviteur de Dieu ; il sacrifia, sans répliquer, son amour des souffrances à l'obéissance aveugle qu'il devait à son supérieur ; mais le temps qu'on l'obligea de retrancher à ses exercices apostoliques, il l'employa tout entier à l'oraison, regagnant ainsi d'un côté ce qu'il perdait de l'autre.

Le curé, attentif à le surveiller, se levait la nuit et le trouvait tantôt à genoux, le visage prosterné contre terre et baigné de larmes, tantôt debout, les yeux élevés vers le ciel et dans une profonde contemplation ; d'autres fois il l'entendait pousser de tendres soupirs et s'écrier avec transport : « Qu'y a-t-il au monde qui puisse attacher « mon cœur, si ce n'est vous, ô mon « Dieu ! »

Il a déposé (1) qu'il l'avait vu souvent, tandis qu'il priait, enflammé comme un séraphin, immobile pendant des heures, sans qu'il eût aucun sentiment de ce qui se passait autour de lui.

Marlhes fut témoin de plusieurs prodiges rapportés par le même curé. « Un jour, dit-il, qu'en vertu de mon pouvoir de supérieur, j'avais obligé le P. Régis à sortir du confessionnal et que je le reconduisais chez moi, un paysan qui voulait lui parler cherchait à fendre la foule qui suivait le saint homme, et, se mettant à courir précipitamment sur une pente rapide pour nous rejoindre, il tomba si rudement qu'il se démit l'épaule. On en avertit sur-le-champ le missionnaire qui, retournant sur

(1) Déposition de Jacques André, curé de Marlhes.

ses pas, s'approcha du pauvre homme, ne fit que lui toucher l'épaule, et lui donna sa bénédiction ; l'épaule se trouva guérie à l'instant ; le Père le confessa ensuite et le renvoya fort consolé. »

Une autre fois, à Marlhes, c'est le curé lui-même qui l'a dit au P. de la Brouë, on amena au P. Régis un homme possédé et reconnu pour tel depuis huit ans. On s'attendait, disait-il, à lui voir faire ses grimaces ordinaires, et l'on pensait devoir être obligé d'employer la violence pour le faire entrer dans l'église ; mais il en arriva tout autrement. Cet homme avança sans résistance ; conduit près du Père, il se confessa, et après avoir communié, il se trouva délivré, sans donner jamais, depuis, aucune marque de possession.

Régis agit par ses prières, sans les cérémonies qui attirent l'attention, aimant dans son humilité que les merveilles opérées par ses mains, sous l'inspiration divine, ne fussent attribuées qu'à Dieu sans qu'il en parût même être l'instrument,

A quelque temps de là, étant à Saint-Sauveur, Régis vit venir un homme qui paraissait désespéré et il lui demanda avec bonté la cause de son affliction ; c'était un paysan, et le sujet de sa douleur était la perte de deux bœufs, son seul bien et le gagne-pain de sa famille. Le missionnaire fut attendri de le voir ainsi dans la peine et il se mit en prières. Après quelques instants de recueillement, il se releva et dit au paysan d'aller dans un endroit qu'il lui désigna, d'y reprendre ses bêtes et de les chasser devant lui. Cet homme fit ce que le Père lui avait ordonné ; il trouva ses bœufs au lieu indiqué, les emmena malgré la présence des soldats qui les avaient enlevés et qui s'étaient arrêtés là pour prendre leur repas ; il le fit sans être nullement inquiété et s'en vint remercier le bon Père du service signalé qu'il lui avait rendu.

Charmés de sa condescendance, admirant ses vertus, et voyant avec un respect mêlé d'étonnement les austérités de sa vie, c’est en le traitant de *saint* que couraient à lui tous les habitants du Velay pour obtenir sa bénédiction ; chacun voulait se confesser à lui et communier de sa main. On lui dérobait les choses qui avaient été à son usage et on les gardait avec vénération comme des reliques.

« J’ai appris d’un des nôtres », raconte le P. de la Broüe, « qu’étant un jour en « voyage, et traversant un bourg, il vit « à la porte de l’église une grande foule « de peuple qui avait l’air d’attendre, et « comme il s’informa pourquoi ils étaient « là, ils répondirent presque tous d’une « voix que c’était pour voir *le Saint* qui « devait venir. Cette réponse le surprit « et il ne la comprenait pas, mais jamais « il n’en put tirer autre chose, sinon « qu’ils attendaient le Saint.

« C’était plaisir d’ouïr raconter à de « bons laboureurs qui, dans les missions, « avaient été les auditeurs du Père, avec « quels soins et quelle patience il les « instruisait. Ses prédications, ses caté-

« chismes et ses avertissements parti-
« culiers laissaient des impressions si
« durables que ces bonnes gens avouaient
« toujours depuis qu'il leur serait du tout
« impossible de ne s'en souvenir pas dans
« les occasions où il faut les pratiquer (1). »

Régis avait encore le talent « d'em-
« pêcher que l'ennui rebutât la piété,
« en procurant au peuple le divertisse-
« ment de quelque sage et sainte nou-
« veauté. C'est ainsi que chaque dimanche
« il faisait paraître des enfants qui décla-
« maient des hymnes et des poésies
« dévotes ; parfois, il y mettait des motets
« qui attendrissaient les cœurs les plus
« indévots ; d'autres fois, feignant une
« lettre du paradis ou de l'enfer, il prenait
« de là sujet de blâmer le vice et de louer
« la vertu. Il avait mille industries pour
« rendre ses instructions agréables et
« pour les imprimer dans l'esprit des
« plus grossiers (2). »

(1) P. de la Broüe, livre III.
(2) P. de la Broüe.

Passé dans le diocèse de Vienne, le saint missionnaire fut reçu par le curé de Saint-Pierre-des-Machabées comme il l'était par la plupart des ecclésiastiques assez heureux pour le posséder quelques jours. Dom Gilbert estima le séjour de Régis dans sa paroisse un des grands bonheurs de sa carrière et de toute sa vie. Nous trouvons dans sa déposition canonique le récit d'un trait qu'on taxera peut-être d'insignifiant et que nous rapporterons néanmoins après lui.

Le missionnaire et le curé marchaient un jour ensemble ; fatigués d'une longue course, altérés l'un et l'autre, ils passèrent près d'un arbre chargé de fruits mûrs et le curé invita le Père à en prendre un pour le manger ; celui-ci demanda à Dom Gilbert si l'arbre lui appartenait, et recevant une réponse négative, il s'abstint d'en prendre aucun ; et pourtant celui qui les possédait eût tenu à honneur, sans doute, de les lui offrir ; mais toujours « modéré, constant dans l'habitude de réprimer les mouvements de son âme, dominant sa chair par le jeûne (1) », il paraît en cette action, tel que nous le dépeignent les contemporains de sa vie.

Rien ne paraissait en lui d'attachement à la créature, dit un des témoins (2) entendus au procès ; sa sublime espérance ne lui faisait attendre de secours que du Ciel. A la seule divine Providence il avait recours, et il suffisait ainsi à d'innombrables aumônes. Aussi apparut-il en sauveur aux populations misérables et ignorantes qu'il visitait et auxquelles il se dévouait absolument. La plupart de ces grossiers montagnards étaient hérétiques ; à Sainte-Aggrève, à Saint-Bonnet, dans tous ces lieux difficilement accessibles où le zèle conduisait l'apôtre, régnaient la mauvaise foi, l'impiété, l'homicide, le vol ; c'étaient des hommes

(1) Déposition du comte de Latour Maubourg.
(2) Godefroy de Monteil, *Déposition*.

presque sans lois, et pourtant un grand nombre vinrent à ses instructions et embrassèrent la pénitence.

En quittant Saint-Pierre-des-Machabées pour retourner au Puy, vers le carême de 1638, le Père s'était arrêté pour quelques jours à Saint-Bonnet-le-Froid, sur un des points les plus élevés du Vivarais ; il fut logé, comme il l'était le plus souvent, au presbytère. Lorsqu'il croyait tout le monde endormi, Régis avait coutume de se lever pour prier ; il se dirigea donc vers l'église, mais le curé s'aperçut de son absence, et l'étant allé chercher, il le trouva prosterné devant la porte close. « Excessivement « étonné que le Père, en cette saison, « eût *choisi* cet endroit pour y faire « oraison, il le pria de se retirer en sa « chambre et de prendre un peu de repos « afin de réparer ses forces pour les « travaux du lendemain ; mais il ne put « rien gagner, et le voyant persister dans « sa résolution, il se fit apporter les clefs

« de l'église et lui ouvrit la sacristie
« pour le laisser du moins à l'abri de la
« neige et de la pluie (1). »

Un trait semblable est rapporté de son arrivée à Mont-Regard. « Quoique transi
« et fatigué, il s'en alla droit à l'église
« qu'il trouva fermée, et il resta près de
« la porte, bien qu'il fît un vent très
« piquant. Quelques heures plus tard, des
« paysans qui passèrent par là l'y virent
« encore dans un recueillement profond,
« prosterné contre terre et presque tout
« couvert de neige (1). »

Mais la mission de Mont-Regard et celle de Montfaucon n'eurent lieu que l'hiver suivant et feront le sujet d'un nouveau chapitre.

(1) P. de la Neuville.

CHAPITRE XVIII

Mont-Regard est un village situé à sept
lieues du Puy ; le P. Régis s'y rendit à
l'automne et parcourut ensuite Issengeaux,
Marcou, Chambon et Monistrol.

Il revit à Mont-Regard Mme de la Franchère, Louise de Romezins, cette jeune
protestante qu'il connaissait déjà, mais
qui n'abjura qu'alors le protestantisme
dans lequel elle était née ; devenue veuve,
elle vivait chez ses parents qui, protestants
eux-mêmes, avaient fait donner à leur
fille toute l'instruction qu'ils avaient cru
devoir la maintenir dans les croyances
qu'ils avaient embrassées. Sa naissance,

ses richesses, son esprit, son savoir, sa rare beauté et les vertus qu'elle pratiquait donnaient à son exemple une haute portée. Ses études réellement supérieures et la droiture de son esprit l'inclinèrent à examiner consciencieusement ce qui pouvait la conduire à la connaissance de la vérité. Touchée de la foi ardente de Régis et convaincue par sa parole, elle cessa de résister à la grâce ; elle devint catholique fervente et fit, dans la vie spirituelle, de rapides progrès.

D'abord, elle voulut cacher à ses parents, dont elle craignait la colère, son changement de religion, et c'est en prétextant des visites de voisinage et d'amitié qu'elle remplissait ses devoirs de catholique et suivait, dans les travaux de ses missions, son saint directeur ; mais celui-ci ne tarda guère à lui représenter qu'elle devait à sa foi de l'avouer hautement et il obtint qu'elle se découvrirait sans délai.

Sa conversion fut un coup très rude porté au calvinisme dans ces contrées ;

elle fut suivie, peu après, du mariage de Mme de la Franchère avec un seigneur catholique, Anne de Bannes de Boissy, d'une famille distinguée du Languedoc, dont le père et l'aïeul avaient combattu vaillamment contre la Réforme. Jeune, belle, mère de jeunes enfants, en butte au mécontentement des siens, c'est sur le conseil du P. Régis qu'elle contracta cette seconde union, abritant sa foi naissante au sein d'une famille éminemment catholique.

C'est au milieu des succès d'une mission dont les fruits allaient se multipliant, que le P. Régis reçut de son supérieur un ordre qui le rappelait au Puy. Au moment même où, arrivé à Montfaucon, il commençait à évangéliser les habitants de la ville auxquels se joignaient avec empressement les populations environnantes, on lui imposait l'obligation de prendre la place d'un régent de collège malade ou absent.

Le curé de Montfaucon, messire de la Grévol, représenta vainement au saint missionnaire que son recteur ignorait sans doute la grandeur des services qu'il rendait au salut des peuples et que, s'il la connaissait, il ne mettrait pas en balance l'utilité d'un enseignement que pouvait donner le premier novice venu, avec le bien de tant d'âmes qu'il allait abandonner. Régis n'attendit pas que la question fût résolue, il ne permit pas même qu'elle fût posée ; il partit, exécutant à la lettre la loi de l'obéissance, ne doutant pas que Dieu ne fît autrement l'œuvre à laquelle il eût mis toute sa joie de contribuer, mais qui lui devenait étrangère dès qu'un autre travail lui était commandé.

Voici ce qu'écrivait au Père général, à propos de ces dernières et fécondes missions, le recteur du Puy : « Le P. Jean-François Régis a obtenu de Monseigneur l'Evêque du Puy des pouvoirs très amples pour faire la mission dans son diocèse ; il est difficile d'exprimer les fruits que la parole de cet infatigable ouvrier a produits dans les âmes : l'affluence du peuple et l'application du missionnaire ont été telles qu'en moins de quatre mois, il a entendu, lui seul, au moins dix mille confessions, dont plus de cinq cents ont été générales ; on ne sait qu'admirer le plus de l'ardeur de ces peuples pour leur salut ou du zèle du serviteur de Dieu, si vif et si patient pour satisfaire à la piété de ces bonnes gens. »

Avant de raconter en détail les actes de la charité héroïque et vraiment sublime qui remplirent les derniers mois d'une vie parfaitement sainte, nous achèverons de donner une idée de l'impression que ses travaux laissaient dans les esprits en cédant la parole à Mme de la Franchère. Voici, tel que nous le trouvons, le récit vif et animé de l'illustre convertie qui, dans un âge où s'effacent, dit-on, l'ardeur des souvenirs et où le cœur se refroidit, savait peindre, avec les couleurs enthousiastes de la jeunesse, les vertus de son guide, et redisait ainsi à quatre-vingt-deux ans ce qu'elle avait éprouvé et connu de la sainteté de son père spirituel, vénéré et pleuré.

C'est en présence de deux prélats, Armand de Béthune, évêque du Puy, et Guillaume de Champagny, évêque de Valence, que Louise de Romezins s'exprimait en ces termes :

« Je suivis mon saint directeur de Mont-Regard à Montfaucon, à Rocoulle et à Vérine avec beaucoup d'autres personnes de tout âge et de toute condition. J'ai été témoin, et une grande partie du Velay avec moi, qu'il n'a jamais fait éclater plus d'ardeur et de sainteté que pendant le temps de ces dernières missions. Il instruisait des peuples grossiers, ignorants, incommodes et qui n'avaient rien qui ne fût rebutant et sauvage.....

« Loin qu'on l'ait jamais vu se plaindre ni de leur nombre, ni de la longueur fastidieuse de leur narration, il entrait avec une tendre sollicitude dans le détail de leurs besoins et de leurs plus petits intérêts ; il procurait le salut de tous par des moyens proportionnés à leur état et à leur disposition ; Dieu lui avait donné un art merveilleux pour se concilier leur affection et leur confiance; je n'ai vu aucun pécheur sortir d'auprès de lui que les larmes aux yeux et la componction dans le cœur. Il n'était pas d'un moindre secours aux personnes régulières, il les enflammait par ses exemples encore plus que par ses discours.....

« Il ne respirait que l'amour divin; toutes les passions paraissaient mortes en lui, on ne lui en voyait qu'une seule, c'était d'aimer Dieu et de le faire aimer. Après avoir passé tout le jour sans boire et sans manger dans les pénibles exercices de son ministère, il fallait, pour l'ordinaire, l'arracher le soir du confessionnal avec une espèce de violence; on ne comprenait pas comment il pouvait soutenir ce travail sans interruption, en traitant, d'ailleurs, son corps si rudement. Je prenais quelquefois la liberté de lui représenter qu'il était le meurtrier de lui-même et qu'à la fin la nature succomberait sous tant de travaux; mais l'amour de la croix rendait toutes mes remontrances inutiles... Le P. Régis ne travaillait qu'à la gloire de Dieu et ravissait chacun en Dieu ; je suis témoin de ce que je dis et il n'est pas de parole qui puisse exprimer ce que je sens et ce que d'autres ont pu voir. »

Le Père, au retour de l'hiver, recommença, selon sa coutume, ses courses apostoliques, et au mois de janvier 1640, il retournait à Montfaucon pour y reprendre la mission brusquement interrompue l'année précédente. Mais à peine était-il au milieu du troupeau dont le pieux pasteur l'avait appelé avec instance, qu'un fléau terrible vint y semer la terreur et la mort ; la peste y éclata soudain avec une indicible violence. Le zèle de Régis changea d'objet, ou plutôt de caractère, mais il s'éleva d'autant plus que s'augmentèrent les besoins à satisfaire et les douleurs à apaiser. La pensée d'un danger à courir n'était, pour son cœur généreux, qu'un attrait plus entraînant ; on le voyait sans cesse approcher les malades, les confesser, les exhorter, les consoler et les porter quand chacun les fuyait. Le souvenir de son admirable charité demeure, après deux siècles et plus, vivant encore entre les murs de l'hôpital qui le vit chaque jour, en ce temps de deuil et d'horreur, parcourir ses modestes salles et venir coucher lui-même les pestiférés sur ses lits.

Plusieurs ecclésiastiques avaient succombé déjà, et leur mort inspirait l'effroi. La conduite du P. Régis était héroïque, et son courage surhumain pouvait paraître inimitable; mais au lieu d'avouer humblement qu'ils ne se sentaient pas capables de braver, à son exemple, un incessant péril, quelques-uns de ceux que leur devoir eût appelés à le seconder et qui redoutaient de le faire, eurent la pensée d'aller trouver le curé de Montfaucon.

Ils lui représentèrent que c'était à lui un crime, ou tout au moins une grave imprudence de laisser exposés des jours aussi précieux que ceux du missionnaire; qu'il devrait lui enjoindre, puisqu'il en avait le pouvoir, de cesser les excès de son dévoûment pour réserver à des travaux *plus nécessaires* les forces qu'il épuisait avec la presque certitude d'une fin prochaine et prématurée. Messire de la Grévol céda à leurs instances, et Régis obéit malgré la profonde douleur qu'il ressentit d'abandonner les malheureux auxquels il rendait de si tendres soins, les leur prodiguant avec autant d'empressement que d'autres s'en éloignaient avec frayeur.

Le saint homme, obligé de sortir de la ville, fut accompagné par un peuple aussi reconnaissant de son dévoûment qu'affligé de son départ, car il était regardé par tous comme un ange envoyé de Dieu pour les soulager dans leur détresse.

En partant de Montfaucon, Régis assura aux habitants réunis autour de lui, qu'avant peu il les reverrait. « Ayez bon courage », leur dit-il, « mes chers enfants, « vous serez bientôt délivrés du fléau qui « vous désole. »

Au moment de les quitter, il adressa à Dieu une fervente prière, et bénissant de la voix et du geste la ville dévastée par la contagion, il prit la route de Mont-Regard. Trois jours après, la peste arrêtait ses ravages, et c'est comme un sauveur et un homme à qui chacun se croyait redevable de la vie que le saint missionnaire fut reçu aux portes de Montfaucon où il rentra pour reprendre, cette fois avec suite, et avec le succès qu'on peut imaginer, cette mission qui devint pour lui un triomphe. « Rien après cela « ne lui résista, et l'on ne vit peut-être « jamais de plus sincères conversions », dit un de nos anciens auteurs (1).

(1) P. de la Neuville.

CHAPITRE XIX

DERNIÈRES MISSIONS

Mandé de nouveau au Puy comme professeur, Régis repartit encore. Sa renommée croissante le faisait partout désirer, et le 1er avril 1640 il écrivait à Rome, au Père général, une lettre dont voici les principaux passages :

« J'ai recours à vous, mon T. R. Père, pour que vous ayez la bonté de me permettre de consacrer ce qui me reste de vie et de force à l'instruction des peuples de la campagne..... Je vous conjure, pour l'amour de Dieu, de m'accorder la permission d'employer au moins six mois par an dans ce divin ministère. Monseigneur l'Evêque du Puy m'a donné tous ses pouvoirs; plusieurs curés et plusieurs peuples demandent la mission avec empressement. Le Père Recteur, croyant avoir besoin de moi dans son collège, m'y retient de temps en temps malgré l'extrême nécessité de tant de peuples qui languissent dans les villages destitués de secours. Je vous prie de faire attention que les habitants des villes ont le pain avec abondance pendant que les peuples de la campagne pâtissent de faim, faute d'une main charitable qui leur distribue le pain de la parole de Dieu.

« J'espère de votre paternelle bonté que vous ne me refuserez pas la grâce que je vous demande, quand ce ne serait que pour me consoler du refus que vous m'avez fait d'aller au Canada. Si votre réponse est favorable à mes vœux, elle me comblera de joie, etc. »

Le Général souscrivit au désir exprimé par Régis, et son recteur fut heureux de connaître l'approbation qu'il en recevait.

Le P. Arnoux, adressant à Rome, en juillet, un compte rendu des travaux du saint missionnaire, le terminait par ces mots : « Le bien qu'il a fait dans ses dernières missions surpasse de beaucoup celui des précédentes. Il les recommencera dans peu de temps pour satisfaire à l'empressement des curés et des peuples. »

Réclamé en effet par une multitude de populations qui lui envoyèrent, pendant l'été de 1640, des députés pour l'inviter avec instance à venir porter parmi elles la parole évangélique, Régis ressentait une violente douleur d'être obligé de restreindre ses engagements à la mesure du possible ; il forma donc la résolution et fit le vœu d'assembler une nombreuse compagnie d'ouvriers apostoliques qu'il formerait de sa main au saint ministère et qu'il répandrait ensuite dans les montagnes du Velay, du Vivarais et surtout des Cévennes. Dès qu'il eut entrevu les avantages que promettait cette fondation, il communiqua sa pensée au recteur, et celui-ci l'approuva.

Le P. Régis lui fit observer que même la dépense n'en serait pas excessive, les collèges de Tournon ou du Puy pouvant servir comme d'un séminaire où lui-même instruirait les sujets propres à de telles fonctions ; et d'ailleurs, il se faisait fort de trouver les fonds nécessaires à cette bonne œuvre.

Le Père provincial goûta vivement aussi ce projet, le Père général l'approuva avec de grands éloges et y répondit par ces mots : « Je ne puis vous dire à quel point j'approuve un dessein si salutaire. J'exhorte le P. Régis à mettre la dernière main à une œuvre si utile. La seule espérance que j'ai qu'il en résultera de grands biens me remplit de joie. »

Dieu inspirait, la même année, un pareil désir au célèbre P. Julien Maunoir, en Basse Bretagne ; et celui-ci eut la gloire d'exécuter son projet, ayant vécu depuis encore quarante-trois ans, tandis que le P. Régis, déjà usé par ses travaux et ses austérités excessives, n'eut que le mérite de l'avoir formé.

Les neiges, cependant, commençaient à couvrir le sommet des hautes montagnes ; c'était, pour le courageux apôtre, le signal qui lui faisait quitter la ville afin de retrouver dans leurs pauvres demeures ceux qu'il s'était imposé l'obligation d'instruire.

Ce fut à Montfaucon qu'il se rendit

d'abord ; les liens qui l'attachaient à cette paroisse récemment éprouvée par un fléau terrible étaient étroits, et il voulut commencer par dégager sa promesse envers ceux qui avaient, avec lui, traversé les sombres jours où la mort moissonnait sans merci parmi eux. La vénération publique était là, justement acquise à celui qui, sans tenir compte des dangers auxquels il s'exposait, sans s'arrêter un seul instant, avait avec bonheur mis à la disposition de tous le secours puissant de ses bras et l'ardeur de son âme sainte.

Les habitants de la ville, convaincus qu'ils devaient leur délivrance aux prières de Régis, gardèrent après son départ plusieurs objets qui lui avaient appartenu, entre autres le bâton qui lui avait servi dans ses courses, ils en substituèrent, à son insu, un autre à sa place.

Charles de Chabanacy de Marnas, qui avait étudié au Puy, avait dès lors une haute idée de son ancien professeur ; son père habitait Montfaucon, et lui-même y demeura et y exerça la médecine; or, il demanda plus d'une fois à la vertu de ce bâton, où s'était appuyé Régis dans ses voyages, des guérisons qu'il désespérait d'obtenir des ressources de la science humaine; et chaque fois qu'il s'en servit en invoquant l'intercession de celui qui l'avait possédé, son espérance fut justifiée.

En quittant Montfaucon, Régis passa à Rocoulle, puis à Vérines près d'Annonay; il était attendu ensuite à la Louvesc où il avait promis d'arriver le 23 décembre. Le 16 il quittait Vérines et s'acheminait vers le Puy. Pressé par un avertissement intérieur et secret de sa fin prochaine, il voulut s'y préparer.

« Un jour qu'on ne songeait point à lui, « il vint à une maison des champs où il « savait que quelques-uns de nos Pères « étaient allés, dans la semaine, prendre « un peu d'air et de relâche de leurs tra- « vaux ordinaires.

« Après les témoignages de charité et les « marques d'affection rendues de part et

« d'autre, il en tira un à part, et, lui
« ouvrant son cœur, lui dit qu'il était
« venu et qu'il avait interrompu ses mis-
« sions pour se disposer à bien mourir;
« qu'il voulait, pour ce dessein, se retirer
« trois jours, entrer sérieusement en soi-
« même et faire une bonne confession de
« tout le temps de sa vie, ajoutant qu'il
« lui était important de la faire exacte-
« ment, d'autant qu'il croyait assurément
« que ce serait la dernière et qu'il le priait
« de le servir en cette affaire où il désirait
« l'avoir pour guide et pour directeur.

« Le Père, étonné de ce discours et ne
« sachant où arrêter ses pensées, dissi-
« mula néanmoins et lui répondit en peu
« de mots qu'il le servirait de cœur et
« qu'il pourrait bien avoir fait choix d'une
« personne plus propre et plus capable
« que lui, mais non plus fidèle et plus
« affectionnée à ses intérêts.

« Pour n'être pas reconnu, et pour tenir
« son arrivée secrète et ensuite sa retraite
« plus libre et plus solitaire, il ne voulut

« entrer dans la ville que tard et comme à
« la dérobée. Aussi, ne sut-on pas qu'il y
« fût; et sans être troublé d'affaires ni de
« visites, ni songer à autre chose qu'à soi,
« il fut trois jours entiers dans la solitude
« pour y revoir ses comptes tout à loisir
« et se mettre en état d'achever heureuse-
« ment sa carrière.

« Je ne vous dirai rien des secrets que
« Dieu lui communiqua, ni des fruits qu'il
« retira de cette sainte retraite : tout ce
« que je puis dire, c'est que, après ces
« trois jours il fit sa confession générale
« avec des sentiments qui marquaient bien
« déjà qu'il n'était plus de la terre et qu'il
« approchait du ciel.

« Son confesseur lui ayant donné l'abso-
« lution, s'entretint quelque temps avec
« lui et lui demanda, sans faire semblant
« de rien, quand est-ce qu'il prétendait
« retourner à sa mission ? — Demain, dit-
« il, mon Père; et dès demain même il
« faut que je m'en retourne. — Le Père
« répliquant que le moment de la rénova-

« tion des vœux étant proche, il ferait
« mieux d'attendre jusqu'au lendemain de
« cette solennité ; il répondit doucement
« que le Maître ne le voulait pas ainsi. —
« Le maître, répond le Père, croyant qu'il
« entendait parler du R. P. Recteur, je
« sais bien sa volonté, et il m'a protesté
« qu'il sera ravi que vous attendiez au
« moins jusqu'au temps que je viens de
« vous marquer. — Non, répliqua-t-il,
« mon Père, le Maître ne le veut pas, il
« veut que je m'en aille demain. — Ce
« n'est donc pas pour longtemps, dit le
« confesseur, et vous serez de retour pour
« vous trouver à notre rénovation.

« Là-dessus il lui dit, sans hésiter, que,
« pour lui, il ne s'y trouverait pas, mais
« que son compagnon (c'était le Frère
« Bideau) y serait ; et comme le Père eut
« réparti qu'il n'y avait point d'apparence
« et qu'il ne pouvait, sans blâme et sans
« être censuré, renvoyer son compagnon
« et demeurer tout seul à la campagne, il
« répondit derechef que son compagnon

« viendrait et que lui ne reviendrait pas ;
« ce qu'il répéta encore jusqu'à la troi-
« sième fois sans vouloir s'en expliquer
« davantage, quelque instance que le Père
« lui en fît.

« Mais l'événement fit voir qu'il ne
« parlait de la sorte qu'en suite des nou-
« velles qu'il avait eues de sa mort, et
« que la Providence l'avait appelé à son
« conseil et lui avait communiqué le des-
« sein qu'elle avait de l'appeler en peu de
« jours à sa gloire. S'y étant donc préparé
« ainsi que je viens de le dire, et ayant
« donné ordre à quelques affaires et payé
« quelques dettes qu'il avait faites pour
« les pauvres, il partit du Puy pour la
« mission ; et, comme un autre Moïse,
« s'en alla sur la montagne où Dieu lui
« commandait de mourir (1). »

Il partit malgré la rigueur du temps, et
Louise de Romezins qui suivit fidèlement,
pendant ses derniers jours, celui qui l'avait
convertie, a déposé que « les chemins

(1) P. de la Brouë.

étaient si effroyables que le saint homme fut obligé de rompre la glace en plusieurs endroits pour s'ouvrir un passage et de se traîner sur les mains tantôt en grimpant à des rochers escarpés, tantôt en montant par des sentiers étroits, glissants et bordés de précipices, avec un continuel danger de rouler dans de profonds abîmes. »

La brièveté des jours en ce temps de l'année mit le comble aux difficultés que le Père avait à vaincre pour faire, en peu de temps, cette route longue et pénible ; il s'égara dans un bois au sortir duquel lui-même et son compagnon se crurent un instant sauvés, ayant reconnu qu'ils étaient proches du village de Vérines qu'ils venaient de quitter quelques jours auparavant.

Ils allèrent donc, confiants, frapper à la porte de la première maison, croyant y être accueillis en amis. Mais il était tard : Régis négligea-t-il de se faire reconnaître ? les habitants soupçonnèrent-ils une ruse ? On refusa d'ouvrir.

Une seconde tentative n'eut pas un succès meilleur, le bon Père et son compagnon furent pris pour des malfaiteurs et n'eurent d'autre abri qu'une masure abandonnée, ouverte à tous vents, le 23 décembre, par un rigoureux hiver et dans le plus rude climat.

Echauffé par une marche longue et laborieuse, Régis fut saisi par le froid et sentit aussitôt au côté une vive douleur qui ne le quitta plus. Dès que parut le jour, il reprit néanmoins le chemin qui lui restait à parcourir (une heure environ) pour parvenir à la Louvesc où l'attendait le curé, M. Bayle; il ne se plaignait pas, il se réjouissait même de se voir éconduit à l'exemple de Marie et de Joseph repoussés de tout Bethléem.

« Je ne vous dirai pas », écrit son premier historien, dix ans seulement après sa mort, « je ne vous dirai pas avec quelles « tendresses de dévotion il passa le reste « de cette nuit sur la paille, et avec quelle « douceur il rendit grâces à Dieu de lui

« avoir fait naître une si riche occasion
« d'éprouver une partie des rigueurs et
« des abaissements de la crèche (1). »

(1) P. de la Brouë, *Vie* écrite en 1650.

CHAPITRE XX

LA LOUVESC. MORT DE SAINT RÉGIS

Une tradition toute locale et pleine de foi naïve rapporte qu'en approchant du but de son dernier voyage à travers les montagnes, Régis, épuisé de fatigue et consumé par une fièvre ardente, s'assit sur un tronc d'arbre et demanda à Dieu de le soulager dans son extrême besoin. A peine eut-il fini sa prière que l'eau jaillit du milieu de ce tronc et ranima les forces défaillantes du Saint (1).

(1) On voyait effectivement jusqu'en ces dernières années, sur la route de Vérines à la Louvesc, ce tronc d'arbre séculaire avec la fontaine qui en sortait et qui semblait légitimer cette tradition touchante. On l'a fait disparaître, malheureusement, sous des travaux de maçonnerie.

On dit que le contact des lèvres du Bienheureux et la bénédiction de Dieu ont laissé et perpétué dans cette eau miraculeuse et inépuisable les propriétés célestes qui auraient prolongé de quelques jours la vie de l'apôtre du Vivarais.

En arrivant à la Louvesc, la vue d'une foule prodigieuse venue des montagnes voisines sembla rendre la vie au Père et contribuer à faire renaître ses forces. Tout épuisé et souffrant qu'il était, dévoré par la fièvre, il alla, suivant sa coutume ordinaire, droit à l'église où il prêcha et confessa tout le jour sans interruption.

Comme toujours et plus que jamais entouré des flots pressés de ces peuples rudes, avides de le voir et de l'entendre, il se prête à leur désir, cherche à découvrir leurs besoins ; il remet à Dieu seul ses intérêts personnels, ne suivant que l'inspiration de son zèle ; et, pour le salut de ses frères, il oublie tout ce qui le regarde lui-même. Sa maladie continue, elle augmente, Régis n'interrompt pas ses travaux.

Le jour de Noël, il se trouva plus mal, et quoiqu'il fût très abattu, il prêcha trois fois, et, le reste du jour, ne cessa pas de confesser. Le lendemain, fête de saint Etienne, il parla encore avec force ; mais après son dernier sermon, la foule était si compacte qu'il ne parvint pas à la fendre pour entrer au confessionnal ; il se mit à entendre les confessions près de l'autel et vis-à-vis d'une fenêtre sans vitres et sans volets ; là, les forces lui manquèrent, il tomba en défaillance, on le porta au logis du curé où on le mit auprès du feu. Au bout d'un quart d'heure, il reprit connaissance, et cette grande âme ne pouvant se rendre, il entendit encore les confessions de quelques paysans qui l'avaient suivi de l'église. Ce fut la dernière lueur de son ardente charité.

On alla alors chercher un médecin du village qui déclara le mal sans remède et l'on fit venir de Tournon le P. Jacques de Lascombes, procureur du collège, pour l'assister à ses derniers instants. Des secours arrivèrent également d'Annonay, d'où vinrent un médecin et un pharmacien; mais leurs soins furent inutiles et le P. Régis, convaincu qu'il touchait à sa fin, rendait grâces à Notre-Seigneur des sujets de consolation et d'espérance que Dieu « se con-« formant, pour ainsi dire, aux humbles « dispositions de son serviteur (1) », lui accordait en permettant qu'il mourût où il avait aimé à vivre, dans une obscure bourgade, sous le chaume d'une cabane, parmi les pauvres, et privé comme eux des soulagements que procure la richesse.

Dans un de ses derniers jours, on lui offrit un bouillon gras : il demanda la faveur qu'on l'échangeât contre un peu de lait, regardant cette nourriture comme plus conforme à la pauvreté qui lui était chère.

Quoique préparé à une mort qu'il avait prévue et bien qu'il eût fait, au Puy, une confession générale, il voulut la recommencer à la Louvesc et la fit au P. Las-

(1) P. de la Neuville.

combes qui déclara après sa mort que, non seulement Régis n'avait jamais commis aucun péché mortel, mais que, dans le récit qu'il lui avait entendu faire de sa vie, il n'avait remarqué aucune faute vénielle où il n'entrât de la surprise. Le même Père affirma par écrit que, jusqu'à la dernière heure, Régis avait conservé intactes toute la solidité de son jugement et toute la force de sa raison.

Le 30 décembre, après qu'il eut reçu l'Extrême-Onction et le saint Viatique, comme on demandait au saint malade s'il ne souhaitait rien, il répondit que, pour toute grâce, il priait qu'on le laissât seul pour s'entretenir avec Dieu. Il exprima pourtant encore le désir d'être transporté dans une étable pour avoir la consolation de mourir dans un état semblable à celui de Jésus naissant à Bethléem, puisqu'il ne lui était pas permis de mourir comme lui, sur la croix; mais sa faiblesse était si grande qu'on ne lui accorda pas cette satisfaction.

Il passa dans le calme, en prières, le visage serein, quoique éprouvant de violentes douleurs, la journée du 31 décembre; il eut toujours l'esprit et la parole libres; mais sentant, vers le soir, qu'il touchait au terme, son cœur fut rempli de la joie la plus vive, et cette joie rejaillissait jusque sur son visage. « Ah! mon cher Frère », dit-il quelques minutes avant minuit au Frère Bideau, son compagnon, qui le veillait, « que je meurs satisfait et content! » — « O mon Dieu! » l'entendit-on s'écrier, « que vous êtes bon! Que mon sort est « doux! Je vois Jésus et Marie qui daignent « venir à ma rencontre pour me conduire « dans le séjour des saints. Jésus, mon « Sauveur, je vous recommande mon âme; « je la remets entre vos mains. » Il mourut doucement après avoir dit ces mots, âgé de quarante-trois ans.

A peine eut-il expiré que le bruit s'en répandit de toutes parts et que les montagnes voisines retentirent de ces paroles qui portèrent partout la douleur : *Le Saint* est mort ! Ses funérailles furent célébrées le 2 janvier, et quoique la saison n'eût pas permis d'avertir en grand nombre les ecclésiastiques de la contrée, vingt-deux curés s'y trouvèrent, ainsi qu'une quantité considérable de leurs paroissiens.

On avait mis en délibération la question de savoir si la dépouille mortelle du missionnaire ne serait pas rendue au collège du Puy ; celui de Tournon, plus rapproché, prétendait aussi que la possession lui en fût abandonnée ; mais la mort de Régis, survenue dans l'exercice des fonctions qu'il avait le plus aimées, au milieu des pauvres gens qu'il avait évangélisés, fit adopter la résolution de lui donner la sépulture là où Dieu avait permis que se terminât sa carrière.

La Providence divine voulut que les honneurs et les témoignages de respect que la dévotion des peuples lui devait rendre, ne pussent être imputés qu'à la réputation de sa sainteté et au soin que le ciel a voulu prendre de rendre son sépulcre glorieux en un lieu où tout semblait conspirer à le rendre entièrement inconnu.

L'indigence de la paroisse, pauvre entre les plus pauvres, où s'était éteint celui dont la mort faisait couler les larmes de tout un peuple, ne permit d'autre splendeur que celle de la présence et des regrets de ces multitudes accourues à la première annonce d'une perte immense et profondément sentie.

Tant d'âmes ramenées, encouragées et soutenues par la vertu surnaturelle et ardente de l'apôtre infatigable qui disparaissait à leurs yeux, devaient perpétuer sa mémoire, non seulement parmi les leurs, mais étendre et faire partager à tout le monde chrétien la vénération qu'elles lui avaient vouée justement, car l'obscurité qu'il cherchait ne demeura point son partage ; le respect et la confiance qu'il avait inspirés durant sa vie ne cessèrent pas après sa mort ; les nombreux miracles qui s'opérèrent à son tombeau firent croî-

tre, au contraire, le renom de sa sainteté,
et « c'était faire un beau présent en ce
pays », lisons-nous dans un vieil auteur,
« que de donner une petite boîte de la
« terre qui a couvert ses os. »

Nous aurons recours encore une fois
à la parole émue d'un cœur filialement
dévoué à sa mémoire.

Louise de Romezins s'exprime ainsi
dans sa déposition sur la mort et les
funérailles de saint Régis :

« Dès que la funeste nouvelle de la mort
du P. Régis se répandit dans nos montagnes, les peuples d'alentour fondirent en
foule à son tombeau. Je fus inconsolable
d'avoir assisté à ses derniers sermons et
de n'avoir pu assister à sa sainte mort.
Lorsque je l'appris, je partis pour aller
à la Louvesc, révérer les cendres du père
de mon âme, à qui je devais, après Dieu,
la grâce inestimable de ma conversion.
Je me rendis sur-le-champ à l'église du
lieu où je vis une fosse profonde, et dans
cette fosse, le cercueil du saint homme,

couvert de terre. Je demandai pourquoi on avait laissé ce grand vide, et d'où venait qu'on ne le remplissait pas de terre. On me répondit qu'on avait mis la fosse au niveau du pavé de l'église, mais qu'on ne pouvait empêcher les peuples qui venaient en foule, d'emporter avec eux une portion de la terre qui couvrait le cercueil ; qu'à peine pouvait-elle suffire pour la multitude prodigieuse des gens qui accouraient de toutes parts, attirés par l'opinion qu'ils avaient conçue de l'éminente sainteté du serviteur de Dieu.

« Je me sentais pénétrée des mêmes sentiments de vénération et de piété. Etant descendue dans le creux du sépulcre, je me mis à genoux, pleurant de joie et de tendresse ; je baisai plusieurs fois la terre qui couvrait les restes sacrés de mon saint docteur.

« Je n'ai point de paroles pour exprimer le transport de dévotion sensible dont je fus saisie en ce moment. Je fis une longue prière sur ce tombeau, et il me semble que je n'ai jamais imploré le secours d'aucun saint avec plus de ferveur; il me fallut faire une extrême violence pour m'en retirer.

« Je ne me consolai de cette séparation que par le dessein que je formai (1) de faire bâtir une maison à la Louvesc pour finir mes jours auprès des cendres de celui qui m'avait retirée de l'erreur, espérant qu'après avoir été mon maître dans la voie du salut, il serait mon intercesseur auprès de Dieu dans le ciel. »

L'affliction d'une si grande perte ne fut nulle part plus sensible que dans la ville du Puy; on y fit un service solennel et l'on commença aussitôt d'invoquer le serviteur de Dieu. « Son confessionnal, tenant « lieu d'autel, se trouva, en moins de rien, « chargé de vœux que la reconnaissance « y avait attachés (2). »

« On y voyait de bonnes gens coller leur

____

(1) Les obligations de famille de Mme de la Franchère ne permirent pas que son projet fût exécuté.
(2) P. de la Neuville.

« bouche sur ces ais, les baiser avec dévo-
« tion et revenir souvent y faire leurs
« prières, pour obtenir de Dieu quelque
« grâce par les intercessions de son ser-
« viteur (1). »

« Le peuple, lisons-nous dans les dépositions du Procès, va à son confessionnal
comme à un asile, c'est de notoriété publique, tous le voient, et tous y vont, grands
et petits. L'opinion et la réputation de
la sainteté héroïque et des miracles du
P. François Régis est partout, chez les
savants, les prudents, les ecclésiastiques,
les riches, les nobles, ceux qui sont con-
stitués en dignités, les moins suspects et
les plus capables de juger de ses vertus.

« J'en suis témoin, ajoute Mme de Romezins, j'en ai recueilli l'assurance d'hommes
qui en ont été témoins eux-mêmes ou par
la voix publique, car je n'ai jamais rien lu
d'écrit sur la vie du serviteur de Dieu. »

Quant à son confessionnal, qui attirait

(1) P. de la Broüe.

tant de monde, « on n'y faisait pas autre chose que prier Dieu, sans rendre au Père un culte prohibé, mais les miracles de guérison se multipliaient sur son tombeau ; la lumière du jour à midi n'est pas plus claire que ce qui s'y passe », disait un autre de ses contemporains (1).

Les habits du saint missionnaire, conservés chez le curé de la Louvesc, étaient embrassés par les pèlerins comme des reliques vénérables, « et s'il eût fallu « satisfaire tous ceux qui désiraient avoir « des pièces de sa soutane, il aurait été « nécessaire que l'étoffe se multipliât « comme quelques-uns ont dit du bois de « la sainte Croix. Une honnête demoiselle « acheta bien chèrement d'un pauvre, son « chapeau que le curé avait donné par « aumône, et les petits présents qu'il a « faits autrefois dans ses catéchismes « passent maintenant pour des trésors « précieux. Les habitants de Tense deman-

(1) Comte de Latour-Maubourg.

« dèrent fort instamment et obtinrent,
« après de longues sollicitations, un de
« ses bas qu'ils gardent dans leur bourg
« comme un riche dépôt (1). »

« Pour le corps », dit le P. Bonnet,
« personne ne put le voir ; les gens du
« lieu ont eu tant de peur qu'on ne leur
« enlevât ce dépôt sacré, qu'ils l'ont mis
« dix ou douze pieds en terre dans un gros
« tronc d'arbre qu'ils ont creusé pour lui
« servir de cercueil, et bien fermé avec de
« gros liens de fer. »

« Enseveli dans l'église de la Louvesc
« avec l'appareil et la pompe funèbre qu'on
« pouvait lui faire dans un village de trois
« ou quatre maisons, un peu de terre qu'on
« lui jeta dessus, fut le mausolée de ce
« grand homme ; mais tandis que les
« grands de la terre demeurent inconnus
« sous l'or et le porphyre, ce grand servi-
« teur de Dieu, sous un peu de poussière,
« reçoit les vœux et les hommages secrets

(1) P. de la Broüe.

« d'un monde de peuples dont le concours
« a rendu célèbre un lieu naguère à peine
« connu, même du voisinage (1). »

Le P. Ignace Arnoux, recteur du collège
du Puy, écrivit au Père Général pour lui
apprendre une perte si regrettable, et plusieurs Pères du même collège faisaient de
lui, dans une autre lettre, cet éloge adressé
à leur commun Supérieur :

« Le P. Jean-François Régis a fait, depuis
quelques mois, plusieurs missions avec un
zèle et un fruit extraordinaires. Pendant
les dernières fêtes de Noël, il a été emporté
d'une mort prompte, mais qu'on ne peut
dire inattendue, car il était aisé de prévoir
qu'il ne pourrait pas longtemps soutenir
un travail si excessif auquel plusieurs
missionnaires auraient eu peine à suffire.
Il s'est occupé toute sa vie à instruire le
peuple et à soulager les pauvres; ses travaux et sa charité ont mis sa mémoire en
bénédiction, et il a fini ses jours en odeur
de sainteté. »

(1) P. de la Brouë.

Le Général répondit dès le 5 février :

« J'ai été fort touché de la mort si soudaine du P. Régis ; ce qui me console de la grande perte que nous venons de faire, c'est que sa mort a été aussi apostolique que sa vie et qu'il s'est montré jusqu'au bout très digne enfant de la Compagnie, puisqu'il est mort en procurant le salut des âmes et en combattant pour la gloire de Dieu contre le démon et contre le péché. »

CHAPITRE XXI

Après la mort du P. Régis, la renommée de sa sainteté se répandit de plus en plus dans le voisinage et de là dans le monde chrétien.

« Depuis le printemps que les neiges « commencent de s'écouler jusqu'à l'au- « tomne », écrivait le P. Bonnet, dans sa *Vie* de saint Régis imprimée à Lyon en 1694, « il accourt de toute sorte de gens « à son tombeau. Et quoiqu'il y ait tantôt « cinquante ans que le Père est mort, la « dévotion des peuples ne s'est pas ralentie « dans un si grand espace de temps. Encore « aujourd'hui, les jours de fête, on compte « plusieurs milliers de personnes qui y

« vont faire leurs dévotions. Un villageois,
« interrogé il y a peu de temps, répondit
« que le concours de ceux qui s'y rendent
« est toujours si considérable qu'il faudra
« enfin, dit-il, que nos montagnes s'abais-
« sent sous les pieds d'un si grand nombre
» de pèlerins.

« Ils y vont, ou chacun en particulier,
« ou plusieurs en procession ; quelquefois
« on a compté jusqu'à dix processions qui
« y étaient arrivées, en un jour, de villages
« éloignés de plusieurs lieues. Etant arri-
« vés, ils commencent par se confesser et
« communier, puis ils vont visiter le tom-
« beau du Père, et tous remplissent des
« sachets de la terre du sépulcre qu'ils
« portent en leurs pays.

« Et ce ne sont pas seulement les gens
« du commun peuple qui rendent cette
« sorte de respect au R. P. Régis ; l'Emi-
« nentissime cardinal de Bonzi a fait un
« long voyage pour aller à son tombeau ;
« l'Archevêque de Vienne a fait de même ;
« et comme le curé du lieu, averti de son

« arrivée, lui alla au-devant en cérémonie
« avec la croix et les ecclésiastiques qui
« s'y trouvaient, ce prélat lui fit dire
« qu'*il ne venait pas pour la visite de la*
« *paroisse, mais pour rendre ses respects*
« *au P. Régis par l'intercession duquel*
« *il avait reçu la santé.* »

Le temps, loin de rien enlever à la réputation de sainteté du P. Régis, ne fit que la confirmer davantage, et pas une voix ne s'éleva pour contredire les louanges qui retentissaient en son honneur.

Le comte de la Mothe, le comte de Latour Maubourg, l'Evêque du Puy et ses grands vicaires, les curés qui l'avaient reçu et tous ceux qui l'avaient connu, jusqu'à ceux mêmes dont il avait combattu les vices, ont rendu pleine justice à son éminente et incontestable vertu.

Dans une lettre en date de 1703, l'Evêque du Puy écrivait à la Congrégation des Rites que « la multitude de ceux qui cherchaient la poussière miraculeuse du tombeau du P. Régis était innombrable et qu'il ne voyait pas comment on pourrait arrêter plus longtemps la piété des fidèles et empêcher qu'elle ne dégénérât en culte public, malgré les décrets du Saint-Siège qui le défendent. »

Il commença donc une enquête. Et voici le témoignage que rendait au Pape en 1710 l'archevêque de Vienne, Armand de Montmorin, de la dévotion croissante des peuples envers l'apôtre du Vivarais :

« Pendant la vie du P. Régis, tous le regardaient et le révéraient comme un saint; mais l'opinion qu'ils avaient conçue de sa sainteté a bien augmenté depuis sa mort, par la grande multitude des miracles que Dieu opère à son tombeau pour le rendre plus illustre.....

« Ce n'est pas seulement le bas peuple qui entreprend ces pieux pèlerinages; c'est toute la noblesse et le clergé : comtes, marquis, gouverneurs de provinces, généraux d'armées, évêques, archevêques, cardinaux mêmes. Il s'y trouve quelquefois tant de monde, en certaines saisons de l'année, que les pèlerins sont obligés de dormir au milieu de la campagne, toutes les hôtelleries et toutes les maisons de la Louvesc étant occupées par les personnes de distinction. L'église est remplie tout le jour par les étrangers qui se succèdent continuellement les uns aux autres. Plusieurs prêtres suffisent à peine pour administrer les sacrements à ceux qui se présentent.

« On y envoie, des pays les plus éloignés, des présents très riches en action de grâces des faveurs reçues par les mérites du saint homme.....

« Il est arrivé de là, continue l'Archevêque, que l'église, qui était délabrée et dénuée des ornements les plus nécessaires, en a maintenant, et des plus magnifiques...

« L'ardeur des peuples à honorer les reliques sacrées du saint homme s'augmente tous les jours à un tel point que je doute fort que les censures dont je me suis servi jusqu'à présent soient désormais un frein assez puissant pour arrêter le culte public.....

« Les peuples s'imaginent que ceux qui s'y opposent obéissent moins aux ordres de l'Eglise qu'ils ne résistent à la volonté de Dieu, qui manifeste ouvertement, par tant de miracles, qu'il agrée le culte religieux qu'on lui rend publiquement. »

« L'estime de la sainteté de cet admi-« rable serviteur de Dieu était si géné-« rale », dit encore le P. Bonnet, « que les « Etats du Languedoc avaient fait un acte « public, par lequel il fut résolu de sup-« plier Sa Sainteté de le mettre au nombre « des saints par la forme solennelle de la « canonisation. Dès l'an 1678, l'éminent « cardinal de Bonzi en avait fait la propo-« sition à cette illustre assemblée. »

Toutefois, ce fut seulement en 1710 que vingt-deux archevêques et évêques, auxquels se joignirent plus de quarante députés de la province, signèrent cet appel au Pape Clément XI :

« Nous sommes témoins que, devant le

tombeau du P. Jean-François Régis, les aveugles voient, les boiteux marchent, les sourds entendent, les muets parlent, et que le bruit de ces surprenantes merveilles s'est répandu dans toutes les nations.

« Plaise au ciel, Très Saint Père, que, par le suprême jugement de Votre Sainteté, cet homme de Dieu augmente le nombre de ceux à qui l'Eglise accorde son culte. »

La cause, entamée à Rome, y avait langui jusqu'alors, et ce fut par les soins du P. Cayron, jésuite et fervent admirateur des vertus de Régis, qu'elle fut activement reprise.

Et non seulement l'admiration la plus vive, mais aussi la plus grande confiance avait été, dès son jeune âge, inspirée au Père par la multitude des miracles qu'il avait vu réaliser par l'intercession du Saint.

Il voyait donc avec regret la lenteur et l'apparente indifférence que l'on apportait au succès d'une affaire qui intéressait, en même temps que la gloire de Dieu, l'honneur de la Compagnie de Jésus.

Il résolut alors d'en parler au P. du Fornel, son supérieur, ayant des motifs sérieux de se croire autorisé à agir librement avec lui ; et il mit à profit une visite du Provincial au collège de Carcassonne pour lui représenter respectueusement, mais avec force, les raisons qu'avaient les Jésuites de la province de Toulouse dont le Saint avait fait partie, de prendre plus de part que les autres aux démarches nécessaires ; il réussit à lui persuader que, se trouvant à leur tête, le devoir d'en hâter le cours le regardait tout spécialement. Il finit en lui disant que, si dans une affaire de cette espèce on devait tout attendre de la protection du ciel, on restait, néanmoins, dans l'ordre de la Providence en ne négligeant aucun des moyens ni des secours humains.

Le Père Provincial, frappé du zèle témoigné par le saint professeur, fut aussi touché qu'édifié de la solidité du travail que le P. Cayron lui mit sous les yeux dans un mémoire écrit avec détails.

Il le chargea donc, après l'avoir lu, de rédiger un rapport circonstancié adressé aux Etats de la Province, dans l'espérance d'obtenir encore une fois de cette assemblée une efficace protection (1).

Le 12 avril, jour de Pâques 1710, fut rendu par le Pape le décret prononçant que le P. Régis avait possédé dans un degré héroïque les vertus théologales, à savoir : la foi, l'espérance et la charité ; et celles qu'on nomme cardinales, qui sont : la prudence, la justice, la force et la tempérance ; décret d'autant plus glorieux à saint Jean-François Régis, qu'il y avait près de cinquante ans que n'avaient été approuvées dans le degré héroïque les vertus d'aucun serviteur de Dieu.

Le P. Cayron, de Carcassonne où il résidait, ne cessait ni d'agir par lui-même ou par ses supérieurs et ses amis, ni de

____

(1) Vie du P. Cayron, par le P. de Sérane, page 70.

diriger toujours les mouvements de ceux qui servaient sa cause.

Aussi n'est-ce pas sans une indicible joie qu'il se vit informé que cette cause avait fait un nouveau progrès et qu'elle était à la veille de réussir.

En effet, le 24 mai 1715, eut lieu à Rome la cérémonie de la Béatification, après la constatation de deux miracles après la mort, sur sept qui furent présentés à l'approbation du Saint-Siège.

Le culte du bienheureux P. François Régis prit alors une extension de plus en plus grande; il se répandit à l'étranger et jusqu'au Canada, où la confiance que l'on mit en son intercession fut justifiée par d'éclatants miracles.

Le P. Cayron, passionné pour sa gloire, brûlait du désir de voir Régis canonisé; son zèle ne fit donc que s'accroître; il fit dresser procès-verbal, d'autorité de l'Ordinaire, des miracles dont il eut connaissance pour en former un recueil qu'il envoya à Rome d'où il obtint un décret permettant d'ériger un tribunal extraordinaire. L'archevêque de Toulouse, Mgr de Nesmond, était autorisé à former, pour trois ans, une commission présidée par M. Valette, avec le titre de substitut du promoteur de la foi ; le P. Cayron fut désigné pour être procureur de la cause. C'était une charge à laquelle lui donnait droit le zèle dont il était animé.

Mais l'activité de ce Père rencontra des traverses inattendues et de nouveaux délais qui purent lui faire craindre que l'affaire ne fût pas terminée dans la limite des trois années assignées à ses efforts. Les lettres mêmes autorisant l'érection du tribunal, expédiées de Rome dès le 7 mai 1726, ne lui parvinrent qu'au commencement de l'année suivante, et lorsqu'elles arrivèrent enfin, Mgr de Nesmond était absent. Or, sa présence était indispensable à l'établissement du tribunal.

Une attente déjà si longue fut encore prolongée par la mort inattendue de l'Archevêque. Et le P. Cayron perdait en ce prélat un protecteur puissant sur la célérité et l'habileté duquel il savait pouvoir compter en faveur de la cause qu'il avait entrepris de faire triompher.

En supposaut que son successeur fût dans des dispositions analogues au sujet de l'enquête à faire, un temps, qui devenait précieux, pouvait s'écouler encore avant qu'il fût arrivé.

Cette suite de contre-temps n'ébranla pas, toutefois, le courage ni la persévérance de l'ardent serviteur de la sainteté de Régis. Il s'empressa d'écrire de nouveau à Rome, et en reçut, heureusement, une réponse satisfaisante : d'après la jurisprudence de la Congrégation des Rites, les vicaires généraux établis pour le gouvernement du diocèse succédaient, de plein droit, à l'autorité de l'Archevêque et pouvaient, comme lui, ériger le tribunal.

Cependant, de nouvelles difficultés surgirent encore de la part des fermiers du roi qui prétendirent assujettir la procédure aux droits ordinaires du contrôle.

Le P. Cayron, qui n'était point en mesure de supporter une telle dépense, et qui s'enflammait d'autant plus pour le succès de sa cause qu'il y rencontrait plus d'obstacles, réclama devant l'Intendant de la province, alléguant que la procédure en question, destinée à être jugée à Rome, ne devait pas être soumise aux formalités des procès plaidés en France.

L'Intendant, qui ne trouvait pas de précédents à ce débat, demanda l'opinion du cardinal de Fleury, et celui-ci, heureusement porté vers la cause du Bienheureux, donna son avis en faveur du P. Cayron.

Tout fut ainsi décidé, mais plus de quatorze mois avaient été perdus dans ces préliminaires ; car ce fut seulement le 22 juillet 1727 que les vicaires généraux ouvrirent les assemblées et firent la vérification des sceaux apposés aux différentes pièces venues de Rome.

Trois miracles seulement, sur huit que devaient certifier les juges nommés, furent examinés ; les deux premiers concernant la guérison d'une religieuse de la Visitation, Marie-Madeleine de Puget, et celle de la sœur Marie de l'Assomption, religieuse du Refuge ; le troisième, très éclatant, était la guérison de Marie-Anne Forget, qui avait eu lieu à la maison professe des Pères Jésuites, le jour où l'on y célébrait la béatification du Saint.

Mais le temps avançait, et avant même que ces trois miracles eussent été entièrement vérifiés, une nouvelle épreuve fut encore imposée à la persévérance du P. Cayron.

Mgr de Crillon, le nouvel archevêque, venait de prendre possession, par procureur, du siège de Toulouse. L'autorité cessait d'appartenir aux vicaires généraux, et il fallait attendre l'arrivée de l'Archevêque avant de poursuivre des travaux pour l'achèvement desquels restait désormais un délai bien court.

Mais ce dernier obstacle fut levé encore par la Providence. Le Prélat arriva plus tôt qu'on ne le supposait dans sa résidence épiscopale, et ses dispositions en faveur de la cause qui s'instruisait le portèrent à en aplanir les difficultés.

L'ardent et zélé défenseur de la sainteté du P. Régis put enfin, trois mois avant la date fixée pour la clôture des débats, faire passer aux mains de l'Ordinaire de Lyon, pour être envoyée à Rome, copie de la procédure avec deux lettres, l'une pour la Congrégation des Rites, l'autre pour le promoteur de la foi. Afin d'écarter tout soupçon de fraude dans le transport des pièces, on prit la sage précaution d'insérer dans le paquet une description blasonnée de chacun des cachets dont le procès était scellé. Ainsi finit cette grande affaire, dit l'historien du P. Cayron (1).

Tout, cependant, n'était pas terminé, car plusieurs années s'écoulèrent encore avant la canonisation du bienheureux Régis.

Le P. Cayron demeura sur la brèche

____

(1) Le P. de Sérane, p. 139 et suiv.

et n'en abandonna pas la poursuite ; il s'adressa à Leurs Majestés le roi et la reine de France qui, chacun, écrivirent des lettres très pressantes adressées au Souverain-Pontife, et leur ambassadeur à Rome fut chargé d'en solliciter l'effet. La lettre du roi est de mars 1735 ; celle de la reine, du 6 avril suivant.

Le clergé tenait, cette année, sa grande assemblée à Paris. Sur la demande du P. Cayron, il y fut décidé que ses membres réunis écriraient aussi au Souverain-Pontife pour lui faire connaître les vœux de l'assemblée en faveur de l'exaltation du bienheureux Régis. La lettre fut écrite par l'Archevêque de Paris qui y exprimait les sentiments de sa tendre piété envers l'illustre saint.

Le P. Cayron se rendit lui-même à Narbonne où se tenaient les Etats du Languedoc.

Il y fut reçu par l'archevêque François de Beauveau qui, lui aussi, écrivit à Rome.

Le Père voulut encore se procurer des

lettres de toutes les provinces ecclésiastiques qui avaient eu quelques rapports
avec son saint. C'étaient le Languedoc,
Narbonne, Toulouse, Albi et la paroisse de
Vienne, dépositaire de ses reliques.

Toutes se prêtèrent à ses désirs; la
province de Narbonne demanda même, le
Saint étant né au milieu d'elle, qu'il lui fût
donné pour patron après sa canonisation.

Bordeaux se joignit aussi à ces provinces. L'effet d'un si grand nombre de
suffrages fut prompt: le Pape Clément XII,
incliné déjà à favoriser cette cause, en
pressa la conclusion; et la procédure, mise
en état d'être terminée, ouï le rapport
du cardinal Pico, le Saint-Père porta, le
5 avril 1735, le décret de canonisation du
bienheureux Jean-François Régis qui, le
16 juin de la même année, fut mis solen-
nellement au nombre des saints. La cérémonie en fut faite en l'église de Saint-Jean
de Latran.

Quelque temps après, sur les instances
du cardinal de Fleury, un bref, qui éten-

dait le culte du nouveau saint à toutes les églises de France, fut obtenu.

Mgr de Villeneuve, évêque de Viviers, se chargea de présenter le bref à l'assemblée générale du clergé : celle-ci, sans l'accepter ni le rejeter, se contenta de déclarer qu'il serait libre à chaque évêque de le mettre en exécution, ce qui équivalait à une acceptation en forme.

CHAPITRE XXII

Un bâtiment plus vaste avait remplacé
la chétive et misérable église où saint
Régis, environné d'une foule pressée, at-
tentive, suspendue à sa parole expirante
et bénie, se trouvait exposé, mourant, à la
bise de décembre.

Cette nouvelle église s'était enrichie peu
à peu des dons de la reconnaissance, et
chaque année ajoutait quelque chose à sa
splendeur. Elle renfermait un maître-autel
et une chaire en bois doré dont on admirait
la sculpture, le dessin et les emblèmes;
l'autel de marbre, le seul qui ait résisté
aux Vandales des lieux voisins pendant
les mauvais jours de la Révolution, était

estimé par les connaisseurs comme étant d'un grand prix.

Cette église achevée, M. Claude Bilhot, qui en était curé, résolut d'assigner un emploi utile aux offrandes des pèlerins. Il fit deux projets, l'un d'établir une compagnie de missionnaires, et le second de fonder un hôpital, tant pour ses paroissiens que pour les pauvres pèlerins qui arrivent ou tombent malades à la Louvesc, et pour l'instruction des enfants appartenant à la classe pauvre. Il soumit ces deux plans à Mgr de Pompignan, archevêque de Vienne, qui répondit, après les avoir mûrement examinés, que dans un pays pauvre et montagneux, fréquenté par nombre de pèlerins indigents, un hôpital serait, non seulement très utile, mais qu'il était indispensable. En conséquence de cet avis, le curé fit construire une maison, la dota de tous ses biens et lui laissa, en mourant, deux mille quatre cents livres de rente.

La Révolution s'empara de ces fonds,

mais en 1811 son petit-neveu, Jean-Baptiste Bilhot, devenu à son tour curé de la Louvesc, obtint la réintégration des pauvres dans leurs droits.

M. Claude Bilhot mourut âgé de quatre-vingt-neuf ans; son neveu Laurent Bilhot lui succéda, mais le directoire révolutionnaire de Tournon ayant mis à sa place un prêtre assermenté, les habitants de la Louvesc, éminemment catholiques, refusèrent de communiquer *in divinis* avec un intrus, et l'église resta fermée.

Le curé légitime, avant de se cacher pour se dérober aux poursuites des révolutionnaires, jugea prudent de faire un inventaire de tous les objets précieux en or et en argent qui formaient un trésor évalué à plus de soixante mille francs. Malheureusement cet inventaire parvint à la connaissance de la municipalité de Tournon. Les gens auxquels on avait confié ces objets furent menacés d'être conduits à Lyon et fusillés s'ils ne les livraient pas. Ils avaient soustrait, dans l'espoir de le conserver à l'église, un calice en or enrichi de pierres précieuses, don de la reine d'Espagne rapporté par le P. Daubenton. Ne le trouvant pas dans le premier pillage, les membres du directoire de Tournon députèrent une seconde bande à laquelle il fallut tout livrer sous peine de mort.

Mais un autre trésor, cher aux enfants de la montagne sanctifiée par la tombe de saint Régis, était menacé par la haine antireligieuse, et M. Jean-Baptiste Bilhot, séminariste, aidé des quatre frères, François, Régis, Pierre et Antoine Buisson, fils du maire de la Louvesc, résolut de le soustraire aux profanations de l'impiété.

Dès 1792, à la fin de l'automne, à une heure après minuit d'une nuit obscure, ayant reçu les clefs du curé, les cinq jeunes gens allèrent enlever le coffret contenant les reliques du Saint, et lui en substituèrent un autre rempli d'ossements du cimetière. Ils laissèrent la châsse, après l'avoir dépouillée d'une espèce de grille en argent, dont il fut fait un calice. Il était temps : les impies, au nombre de cinq cents, venus de Tournon, d'Annonay, Andance, Servière et Martre, mutilèrent l'autel du Saint, brisèrent les statues et le ciel de la chaire, renversèrent le grand autel et emportèrent la statue de saint Régis qu'ils forcèrent le chapelain de sa chapelle de porter jusqu'à la place d'Annonay où elle fut brûlée.

Le coffret, les os intacts, fut porté à la Grange Neuve, propriété et demeure de la famille Buisson. Il fut, pendant un mois, simplement enfermé dans un placard ; puis, dans la crainte d'une visite domiciliaire, caché trois jours dans un bois, sous des broussailles, renfermé dans un coffre fabriqué à la hâte par M. Pierre Buisson. Ensuite il fut déposé sur une voûte de cave, en dessous d'un plancher solide où il resta jusqu'en 1802. Une seule fois, il en fut tiré pour satisfaire à la piété de Mme Buisson qui, sur son lit de mort, demanda à ses fils, pour dernière consolation, que le saint corps lui fût apporté.

Tout le temps que cette pieuse maison conserva le précieux dépôt, Mlle Buisson, morte depuis, âgée de quatre-vingt-quatre ans, en odeur de sainteté, se levait, et allait, la nuit, prier dans le salon au-dessus des saintes reliques.

Les seules personnes admises à la confidence furent l'archevêque de Vienne, MM. Laurent Bilhot, Cartal et Massy, prêtres longtemps cachés à la Grange Neuve sous la sauvegarde de saint Régis ; et dans cette maison si suspecte à la Révolution, qui a vu à la table de ses propriétaires vingt-sept prêtres à la fois, jamais aucun d'eux n'a été ni arrêté, ni compromis. Il y a eu, dans le salon de M. Buisson, deux brigades de gendarmes buvant et chantant, pendant que quatre prêtres soupaient tranquillement dans une chambre au-dessus d'eux.

Cependant, quelques membres de la municipalité, regrettant les excès commis et ignorant la première substitution faite dans la châsse de saint Régis à l'église de la Louvesc, en firent une seconde avec d'autres ossements du cimetière ; ils représentèrent, au rétablissement du culte, ceux qu'ils avaient dérobés, mais on exhiba le procès-verbal signé de MM. Cartal, vicaire général de Vienne, Massy, ancien jésuite, et des quatre frères Buisson.

L'archevêque de Vienne, Mgr d'Aviau, passa dans les montagnes du Vivarais le temps de deuil où l'Eglise de France fut soumise à de si rigoureuses et si tristes épreuves ; mais l'archevêché de Vienne n'ayant pas été rétabli par les nouvelles circonscriptions, l'évêque de Mende, Mgr de Chabot, présida la cérémonie de la translation des reliques de saint Régis de la Grange Neuve à l'église de la Louvesc, le 13 juillet 1802.

A la restauration du culte catholique, cette église, jadis si riche, ne possédait pas un calice. Le strict nécessaire fut acheté, grâce à quelques dons, mais un vol la réduisit encore à la plus complète pauvreté.

Cependant, les pèlerins revinrent en foule au tombeau du P. Régis et lui rendirent peu à peu quelques vestiges de son antique splendeur.

Nous lisons dans une notice manuscrite écrite au commencement du siècle pour servir à continuer l'histoire du pèlerinage : « Quoique le village se soit augmenté des deux tiers, on a beau bâtir des maisons, beaucoup de pèlerins s'y trouvent sans asile ; les greniers, galetas et remises sont remplis, les derniers venus sont obligés de coucher dehors, et la Louvesc offre un spectacle admirable. C'est là qu'on peut juger de la force de la foi et du triomphe de la religion ; c'est une nouvelle piscine de Siloë où l'on se fait porter de cinquante lieues et plus, car j'y ai vu des Rémois, des Marseillais, des Bordelais, des Versaillais, etc. »

Le mémoire mis sous nos yeux, auquel nous empruntons ces détails, remonte à

plus de soixante-dix ans, et débute ainsi :
« Je suis venu à la Louvesc il y a soixante
ans, et je viens vous rendre compte de
mes souvenirs concernant la vénération
à saint Jean-François Régis et le concours
des pèlerins à son tombeau. Il me rappelle
d'une belle procession à l'occasion du
jubilé de 1775. Les nombreux étrangers
qu'amenait la dévotion à saint Régis
formaient les trois quarts de sa longueur ;
j'évalue leur nombre à trois mille âmes.
Cette multitude était attirée à la Louvesc
pour se mettre sous la protection du Saint
et réclamer son intercession ; plusieurs
aussi pour le remercier des grâces et
miracles obtenus par sa médiation. »

En 1834, une nouvelle châsse ayant été
offerte par la piété des fidèles pour y
renfermer les reliques du saint missionnaire des montagnes, l'Evêque de Viviers,
Mgr de Bonnel, présida la cérémonie,
pendant laquelle, en mémoire de l'hospi-
talité de dix ans donnée jadis aux reliques
par la famille Buisson, on fit à celle-ci

l'honneur mérité de conduire la procession jusqu'à la Grange Neuve.

Cette patriarcale et excellente famille conserve encore aujourd'hui les traditions les plus pieuses ; sa charité est grande autant que son accueil est gracieux envers les nombreux visiteurs qu'attirent en sa demeure les souvenirs touchants qu'elle offre à la piété des pèlerins.

Une nouvelle et plus grande église remplace aujourd'hui celle qu'achevait en 1770 M. Bilhot. Construite sous la surveillance des Pères Jésuites, dont la présence a réalisé le second vœu formé par le fondateur de l'hôpital, et dont l'etablissement à la Louvesc est une source de piété et de grâces, la consécration de cette église a été faite le 5 août 1877, par Mgr le cardinal Guibert, archevêque de Paris, autrefois évêque de Viviers, diocèse dont dépend la Louvesc depuis le rétablissement de cet évêché. Son Eminence le cardinal Donnet, archevêque de Bordeaux, originaire du même diocèse, son coadjuteur Mgr de la Bouillerie, ancien évêque de Carcassonne, dont le diocèse possède à Fontcouverte le berceau de saint Régis, Mgr de Cabrières, évêque de Montpellier, dont la famille a des alliances avec celle de Régis, l'évêque actuel de Viviers et plusieurs autres archevêques et évêques furent présents aux fêtes de cette bénédiction. La journée splendide, favorisée par un brillant soleil, qui vit une procession de vingt mille pèlerins se déployer sur ses cîmes, devra compter parmi les jours illustres dans les fastes de la Louvesc.

Mentionnerons-nous, avant de clore cet exposé du pèlerinage, la maison où mourut saint Régis, transformée en chapelle ? Et dirons-nous que nous aurions aimé à y voir une représentation de ses derniers instants, peut-être moins primitive que celle qui a, dit-on, le privilège de charmer les habitants du pays qui n'exigent pas de l'art toute sa perfection pour que leurs cœurs soient vivement touchés ?

Une statue en bois peint représente saint Régis couché sur un lit; une statue pareille de son compagnon, le frère Bideau, est à côté du lit; l'apparition de Notre-Seigneur et de la sainte Vierge est visiblement figurée; le tout est entouré d'une grille ouvragée en belle serrurerie.

La porte en est ouverte à tous, les pèlerins y entrent pour prier et y font brûler des cierges. Comme chapelle, c'est d'une simplicité plus que modeste.

Du moment que l'humble chambre du presbytère, témoin du dernier soupir et des dernières paroles du Saint, n'a pas été conservée telle qu'elle était alors à la vénération des visiteurs, nous eussions préféré qu'un goût plus élevé eût présidé à sa décoration. Nous savons que, pour le grand nombre, ce détail passe inaperçu, que la piété méridionale veut des signes extérieurs, des souvenirs sensibles; mais on pourrait la contenter sans choquer les yeux habitués à un goût plus sévère, et nous avons la conviction que le vœu exprimé ici sera satisfait un jour.

Témoin de la foi vivante des peuples de ces contrées, nous avons vu et entendu l'expression de leurs croyances et celle de leur confiance. C'est, humiliée de notre infériorité, et ravie d'admiration devant la résignation, l'acceptation, l'amour de la pauvreté et des souffrances que nous ont révélés là des âmes d'élite cachées sous des dehors vulgaires, c'est étonnée et charmée à la fois que nous nous sommes souvenue de cette remarque faite par un homme du monde devenu religieux : « Il existe ici-bas plus de belles âmes qu'on ne pense ; mais dans la bruyante agitation de la foule, il n'est pas facile de les reconnaître : c'est dans la solitude qu'elles se révèlent, c'est loin du monde qu'on les trouve (1). »

Dans ce sol fécondé par la parole et par l'exemple d'un saint, le germe n'en est pas épuisé, il fait éclore chaque jour des fleurs nouvelles et des fruits abondants.

(1) P. Schouwaloff.

CHAPITRE XXIII

Parmi les nombreux miracles attribués à l'intercession de saint Régis, nous emprunterons quelques récits aux dépositions des témoins et à la tradition locale.

L'un des premiers fut, au Puy, la guérison inespérée du sieur Jean-Gaspard de Montereymar, souffrant depuis fort longtemps d'une maladie des intestins regardée comme incurable, les remèdes qu'on lui appliquait ne faisant qu'aigrir ses douleurs (1).

(1) La tunique délicate qui soutient les intestins s'étant rompue en trois endroits, les boyaux s'échap-

M. de Montereymar avait connu le P. Régis dont la mémoire était récente et en singulière vénération au Puy, cette ville ayant été un des plus grands théâtres de ses vertus ; or, il avait promis de visiter à la Louvesc le tombeau du saint Religieux. Ses affaires domestiques retardèrent l'accomplissement de sa promesse. Cependant, le mal se fortifiait de jour à autre et ses douleurs passèrent à un tel excès qu'un soir, étant dans un extrême chagrin, il dit à sa femme et à ses enfants qu'il lui fallait enfin sortir de ce monde et penser à régler les affaires de sa famille.

Il avait un jeune fils qui étudiait alors en cinquième chez les Jésuites et qui lui dit qu'il avait ouï, au collège, faire le récit des grands miracles du P. Régis ; et entre autres, il lui raconta, comme il put, celui d'une demoiselle Percie guérie d'une paralysie.

pèrent par les trois ouvertures et formèrent une grosseur égale à la tête d'un homme, qui devint dure comme du bois.

Ce pauvre père en fut vivement touché et dit qu'il avait trop tardé d'accomplir son vœu. Il se mit à genoux près de son lit pour le confirmer et promit d'aller, au plus tôt, le rendre à la Louvesc.

Chose admirable! il n'eut pas demeuré un demi-quart d'heure à genoux, que la grosseur dont il souffrait se ramollit tout à coup, et que ses douleurs disparurent. Il se lève sur-le-champ et s'écrie avec joie : « Miracle du bon P. Régis! » Il fait appeler le chirurgien qui l'avait traité et lui avait dit souvent que son mal était sans remède. Celui-ci ayant touché la partie malade, dit hautement que c'était évidemment là un miracle.

Montereymar, depuis ce jour si heureux pour lui, jouit d'une santé parfaite et il alla rendre son vœu à la Louvesc avec beaucoup de reconnaissance envers son libérateur.

Ce miracle est un des deux reconnus comme authentiques par le décret de canonisation.

Le second est la guérison de Jeanne-

Marie Péret, religieuse au monastère de la Visitation de Moulins.

Affligée, durant quatre ans, de diverses maladies qui se succédèrent sans interruption, elle fut atteinte d'une paralysie aux jambes, puis d'une hydropisie et enfin d'une fièvre très ardente qui fit juger aux médecins qu'elle ne pouvait guérir, ni vivre plus d'un mois. Elle avait pris inutilement les eaux de Vichy et de Bourbon et une infinité de remèdes qui n'eurent point de résultat.

Elle ne songeait plus qu'à se préparer à la mort, lorsqu'on lui lut quelques endroits de la vie du P. Régis. Sur le récit des miracles qu'il avait plu à Dieu d'opérer par l'intercession de son serviteur, elle se sentit animée d'une ferme confiance qu'elle guérirait par son secours, et elle commença une neuvaine pendant laquelle plusieurs religieuses joignirent leurs prières aux siennes. Le mal, cependant, croissait, mais la confiance de la malade n'en était pas diminuée.

Le dernier jour de la neuvaine, elle se sentit fortement inspirée de demander qu'on la portât au chœur pour y recevoir la sainte Eucharistie; c'etait le lendemain de la Présentation. Son extrême faiblesse fit hésiter la Supérieure; mais, regardant les instances et la confiance de la malade comme un présage de ce qui devait arriver, elle acquiesça à sa demande. On la porta donc au chœur où elle communia à genoux, soutenue par deux de ses sœurs. A peine eut-elle reçu le corps sacré de Jésus-Christ que, sentant revenir ses forces, elle fit signe aux infirmières qu'elle n'avait plus besoin d'aide. Elle demeura à genoux sans appui jusqu'à la fin de la messe, se leva à l'évangile et se remit ensuite à genoux. Pénétrée de joie qu'elle était, pour le prodigieux changement qui venait de s'opérer en elle, elle ne fit que pleurer.

Après la messe elle se leva pour éprouver ses forces et se mit à marcher dans le chœur. La Supérieure, la voyant debout, ferme sur ses jambes, lui donna la main;

mais, la sentant en assurance, elle la laissa marcher seule. Le prêtre qui avait dit la messe, convaincu du miracle par ses propres yeux, conseilla à la Supérieure de faire chanter un *Te Deum* en action de grâces ; la sœur Péret entonna elle-même ce saint cantique et continua de le chanter d'une voix forte, alternativement avec les autres religieuses. Ce jour-là même, elle quitta l'infirmerie où elle avait été retenue quatre ans entiers ; elle alla dîner au réfectoire et reprit les exercices de la communauté.

Le bruit de ce miracle s'étant répandu dans la ville, on accourut de toutes parts. Le supérieur du monastère vint des premiers et fut d'autant plus frappé en voyant la sœur pleine de santé qu'il l'avait vue la veille à toute extrémité. Le médecin, surpris, s'écria : « Quel miracle ! » et en écrivit sur-le-champ un témoignage authentique inséré dans le procès.

Pour surcroît de faveur, cette fille, d'une complexion jusque-là délicate, devint forte et robuste. Ce fut le 22 novembre 1701 que cette merveille arriva.

Le miracle suivant s'est produit à Toulouse, pendant la solennité de la béatification du Père Régis, dans l'église du collège des Jésuites, le 22 avril 1717.

Marianne Forget, née à Toulouse, le 21 mars 1713, de parents d'une condition honnête, et estimables par leur piété, vint au monde avec une faiblesse de jambes dont on s'aperçut la première fois qu'on voulut la faire tenir sur ses pieds; car on vit ses jambes plier, ce qui arriva chaque fois qu'on essaya de la faire appuyer dessus. Un chirurgien habile qu'on appela crut pouvoir guérir cette faiblesse par un traitement fortifiant; il le fit suivre sans succès une première fois et le renouvela l'année suivante dans la saison où les plantes ont plus de force, tout aussi inutilement. Il déclara le mal incurable, et un autre médecin, professeur à l'Université, fit la même déclaration.

Sa mère fit avec elle un pèlerinage à

Sainte-Germaine de Pibrac sans obtenir grande amélioration. Le chirurgien qui l'avait soignée le premier voulut faire un nouvel essai qui demeura, comme les autres, infructueux.

L'année suivante, dans le temps qu'on célébrait à Toulouse, dans la maison professe des Jésuites, la béatification du Père Régis, la mère de la malade fut inspirée de recourir à l'intercession de ce Bienheureux.

Elle n'avait encore communiqué ce dessein à personne, lorsque sa petite fille la pria de la porter à ce Saint qui guérissait les enfants malades. Une demande si peu attendue augmenta la confiance de cette femme, et le lendemain 22 avril, quatrième jour de la solennité, elle porta son enfant à l'église des Jésuites, la plaça sur le marche-pied d'une chapelle, et, faute d'appui pour la soutenir, l'y coucha.

L'ayant laissée là à la garde d'un petit chien qui se tenait toujours auprès de cette petite infirme, elle alla se confesser, entendit ensuite la messe pendant laquelle elle conjura le bienheureux Régis d'avoir pitié de sa fille, puis elle s'approcha de la sainte Table pour communier.

Comme elle était sur le point de recevoir le Corps de Notre-Seigneur, tenant la nappe entre ses mains, elle sentit que quelqu'un s'asseyait sur ses jambes. Elle a déclaré dans sa déposition juridique, insérée au procès de la canonisation, que le cœur lui dit (ce sont ses termes) que c'était sa fille ; et, sans tourner la tête, elle lui donna une de ses mains que l'enfant prit. Elle reçut la sainte communion tellement baignée de larmes, que cela fit quelque peine au prêtre qui n'en savait pas la raison. Elle se leva ensuite et, à la vue de sa fille qui se tenait sur ses jambes, elle sentit dans son âme des mouvements qu'il n'est pas possible d'exprimer. Elle demanda à Marianne comment elle était venue là, et l'enfant répondit qu'elle y était venue seule et que le Saint l'avait guérie.

Plusieurs personnes, apprenant que cette

petite fille marchait pour la première fois de sa vie, s'approchèrent pour féliciter la mère et l'enfant. Le Père Jésuite qui avait entendu la confession de la première, s'approcha aussi, et prenant Marianne par la main, la conduisit dans la cour de la maison ; la mère, après son action de grâces, l'y alla rejoindre et trouva sa fille entourée de beaucoup de monde, avec une dame de condition qui venait de recevoir une pareille grâce du ciel.

Cette dame, qui demeurait assez près de Toulouse, s'était rendue à la maison professe des Jésuites avec son fils muet de naissance, pour le recommander au bienheureux Régis ; et, dans le temps qu'elle communiait, l'enfant lui dit plusieurs fois : « Ma mère, je parle. » Les deux mères, dans le transport de leur joie, s'embrassèrent tendrement, quoiqu'elles ne se fussent jamais connues auparavant ; et les deux enfants, à peu près du même âge, s'embrassèrent aussi ; et les assistants, ravis d'admiration, glorifièrent

Dieu et son serviteur, se disant les uns aux autres, à peu près comme les Juifs du temps du Sauveur : « Nous avons vu aujourd'hui des choses merveilleuses. »

La mère, ensuite, conduisit sa fille, toujours la tenant par la main, chez elle où son mari, qui en a déposé comme témoin, les attendait impatiemment l'une et l'autre dans une chambre de sa maison.

Voici un autre fait, attesté par de nombreux témoins, et qui s'est passé à Malaga, le 24 octobre 1716.

La dévotion envers le bienheureux François Régis était grande ; quant aux miracles accordés à son intercession, on n'en connaît pas d'autres en cette ville que celui de la préservation de Michel Florez qui, étant dans le clocher de l'église du collège des Jésuites avec quelques-uns de ses condisciples où ils sonnaient les cloches pour onnoncer la solennité du lendemain, en fut précipité pour avoir voulu imprudemment arrèter la grosse cloche avec ses mains.

Saisi par la manche de ses vêtements, par l'un des ferrements, et enlevé dans l'air, il fut ramené violemment vers l'arceau du clocher qui est très étroit et à travers lequel il fut lancé, toujours avec la même impétuosité, contre une cheminée de la maison de don Pierre Villalon, contiguë au clocher. Le choc de son corps fit tomber en pièces cette cheminée. Il fut projeté de là sur un toit voisin de la sacristie, dont quelques tuiles se détachèrent, puis dans une petite cour au milieu de débris mis au rebut, où quelques personnes accoururent, l'appelant à haute voix pour voir s'il donnerait quelque signe de vie, afin qu'on pût l'absoudre, car on craignait qu'il ne fût mort. Mais il se releva sain et sauf, comme quelqu'un qui s'éveille, sans aucune trace de blessure et sans autre lésion qu'une égratignure légère à la tête ; et quoiqu'on le reconduisît chez lui dans une chaise à porteurs, ce fut seulement par mesure de prudence, car l'écolier ne cessait de répéter qu'il se sentait parfaitement bien ; et en arrivant à la porte de la maison de ses parents, il prit soin d'élever la voix, disant qu'il était prêt à retourner au collège pour assister aux vêpres et aux autres cérémonies qui se préparaient en vue de célébrer la béatification du bienheureux Jean-François Régis, fête qui devait avoir lieu le lendemain.

Il n'y alla pas, toutefois, parce qu'il n'en obtint pas la permission. Mais sept ou huit jours après l'événement, Florez servait la messe dans la chapelle du collège et un prêtre (1) qui le vit, l'entendit assurer que toutes les circonstances réunies de son accident, la hauteur du clocher, sa chute si violente et si rapide, tout lui faisait regarder son salut comme un incontestable miracle opéré par l'intercession du bienheureux François Régis ; car on ne pouvait attribuer à aucune cause naturelle sa préservation d'un péril de mort si évident.

(1) Gaspard de Bazzanilla. Déposition.

Le jeune homme avait insisté pour obtenir la permission de monter dans le clocher avec trois de ses condisciples, et bien que le Père sacristain leur eût formellement ordonné de ne pas dépasser la limite de l'endroit où était placée l'horloge et de ne pas s'aventurer près des cloches, parce qu'ils pourraient lui attirer de grands déplaisirs; Florez, qui était très vif, se soumit, mais impatiemment, et oubliant bientôt l'avis du Père sacristain et l'engagement qu'il avait pris, au moment même où celui-ci donnait l'ordre aux écoliers de cesser la sonnerie et de descendre pour dîner, il s'avança furtivement jusqu'auprès de la grosse cloche qui, par suite de l'élan vigoureux qui lui avait été imprimé, n'était pas encore arrêtée.

Les compagnons de Florez étaient d'avis de la laisser sonner jusqu'à ce que son propre poids rétablît l'équilibre; mais lui, dit qu'il saurait bien s'y prendre, et il fut accroché et jeté ainsi que nous l'avons dit.

L'un des témoins (1) présents, effrayé, eut la pensée fugitive de le ressaisir par les pieds, mais il eut peur d'être entraîné avec lui et dit tout haut ces paroles : « Que le bienheureux Jean-François Régis te vienne en aide! » ne sachant que devenir en présence d'un pareil accident.

Ses compagnons, François Pinto et Jean Benitez, reprenant leurs esprits, appelèrent quelques Pères, occupés à orner le seuil de la porte, et les avertirent que Michel Florez avait été précipité du haut en bas du clocher. Et comme les Pères demandèrent de quel côté il était tombé, ils répondirent qu'ils n'en savaient rien ; mais la cloche s'était arrêtée, et les jeunes gens regardèrent par l'ouverture du clocher, sans pouvoir rien distinguer à cause de la poussière soulevée par sa chute.

Le croyant mort et brisé, ils craignirent qu'on leur imputât les causes de l'accident et eurent un moment la velléité de s'en-

____

(1) Don Emmanuel Zambrana.

fuir par les toits ; mais la hauteur qui les en séparait les arrêta, et, redevenus calmes, don Zambrana, accompagné de ses deux condisciples, passa du clocher dans la tribune située en face du maître-autel de l'église et fit une oraison fervente au bienheureux Régis, devant son image exposée, priant Dieu pour l'âme de son camarade qu'il considérait comme mort ; puis, douloureusement affligé, il descendit par l'escalier qui conduisait à l'entrée de la sacristie où il trouva Florez avec le P. Emmanuel de la Miranda, son maître, qui l'engageait instamment à se confesser ; et lui, répondait : « Que m'est-il donc arrivé ? Suis-je tombé du maître-autel ? » Et en arrivant chez sa mère qui l'attendait en pleurs entourée des gens de la maison, il se leva seul et sans aide, lui disant : « Ne pleurez pas, je ne me suis fait aucun mal », et il monta l'escalier.

Après quelques jours d'un repos ordonné par précaution, Michel reparut tout joyeux au collège, remercia le recteur de ses soins et le Saint du signalé bienfait dont il lui était redevable, et il dit que, pendant sa chute et déjà lancé dans l'espace, il avait entendu distinctement ces mots : « Que saint Régis te vienne en aide ! » paroles prononcées, en effet, tant par ses condisciples dans le clocher, que par différentes personnes du voisinage qui l'avaient vu de leurs fenêtres.

Une grande fête fut préparée pour rendre grâces à Dieu de l'avoir délivré d'un si grand péril par l'intercession du bienheureux Régis, avec messe chantée et un panégyrique, en présence de Florez lui-même, du témoin dont nous avons emprunté le récit, et d'autant de monde qu'en purent contenir l'église et les tribunes du collège de Malaga.

Sur la tombe du saint et ardent missionnaire, les faits miraculeux se sont succédé sans interruption. Parmi les plus anciens, le P. de la Broüe, après nous avoir avertis qu'il n'est pas des plus crédules du monde et que, pour avouer une

merveille extraordinaire, il lui faut
des preuves qui ne soient pas loin de
l'évidence, raconte ainsi une des premières guérisons qu'il eût connues à la
Louvesc :

Vidal Touche, de Saint-Bonnet, épuisé
par les fréquents accès d'une longue fièvre
qui ne lui avait laissé que la peau sur les
os et la figure d'une ombre, ennuyé et
ne sachant plus à quel remède recourir,
s'obligea par vœu d'aller au sépulcre du
P. Régis, honorer ses reliques et demander
la santé par son intercession.

Il monta donc à cheval, et comme il ne
pouvait s'y tenir à cause de sa faiblesse,
il eut besoin de deux hommes qui fussent
toujours à ses côtés pour l'empêcher de
tomber. Arrivé dans l'église de la Louvesc,
il se jeta sur le sépulcre du Père avec
tant de confiance et de bonheur, qu'ayant
senti d'abord que son corps reprenait des
forces, il s'écria tout haut, d'une voix
forte, que le P. Régis l'avait guéri. En
effet, il s'en retourna gaillard et à l'aise,

à pied, ne voulant pas, disait-il, se servir de son cheval, pour rendre la merveille plus visible et faire voir à tous que la guérison était parfaite.

Le même auteur fait le récit d'une faveur semblable dont lui-même devint l'objet. « J'étais », dit-il, « très gravement « malade d'une phthisie, m'affaiblissant de « jour en jour, lorsque je reçus la visite « d'un de nos Pères qui, me voyant bien « mal, me conseilla de faire un vœu au « bienheureux P. Jean-François Régis, de « bonne mémoire. Cette proposition me « surprit, et en ayant délibéré quelque « temps sans répondre, je me résolus « enfin de suivre un conseil que j'attri- « buai plutôt à l'inspiration de Dieu qu'à « la pensée d'un homme. Je fis aussitôt le « vœu d'aller dire la messe à son sépulcre « avec la permission de mes supérieurs, « et quelques heures après, il me vint à « l'esprit que je devais y ajouter le vœu « d'écrire sa vie. Le succès en fut tel qu'au « bout de dix jours je fus en état de faire,

« à cheval, un voyage de près de quarante
« lieues.

« Ma santé s'était toujours confirmée
« depuis, avec des marques visibles de
« l'assistance de ce grand serviteur de
« Dieu, jusqu'à ce que, par mon indiscré-
« tion et des travaux immodérés, je me
« fusse causé une rechute dont j'ignore
« l'événement ; mais quoi qu'il en arrive,
« j'estime que je lui dois les trois dernières
« années que j'ai vécu ; et si, après cela,
« il m'est assez favorable pour m'obtenir
« de Dieu une bonne mort, je lui serai
« bien plus obligé que s'il m'avait impétré
« une longue vie (1). »

Depuis lors, la série des actes miraculeux n'a pas été interrompue au tombeau
du P. Régis.

Les éléments et les corps sont souples
et obéissants dans la main divine ; les
âmes seules sont capables de résistance,
d'une résistance longue et obstinée. Dans

______

(1) Le P. de la Broüe mourut en 1651, après avoir
fait imprimer la *Vie du P. Régis.*

l'orgueil de sa liberté, l'âme lutte contre la grâce ; mais arrive un moment où sa volonté change ; alors le voile tombe, la lumière se fait, la vérité triomphe. Quel nom donner à ce changement, sinon celui de miracle ?

Nous citerons ici quelques faits entre beaucoup d'autres ; nous en devons la connaissance au R. P. Darling, supérieur des missionnaires de la Louvesc en 1877.

Un jeune protestant âgé de vingt-cinq ans, souffrant d'une gastrite, entend parler de saint Régis, de sa bonté, de ses miracles, et il prend, chose étrange, l'engagement d'aller à la Louvesc pour obtenir sa guérison ; il ne pensait pas alors que son âme aussi fût malade. Il vient au tombeau du Saint, y reste quelques jours, assiste exactement aux exercices qui se font en l'église paroissiale, et peu à peu il se résout à devenir catholique.

Il se présente donc à un confessionnal et dit au Père : « Me voici, mais je ne suis pas des vôtres. » Le Père le comprend, l'accueille avec son cœur et commence son instruction.

Le nouvel enfant de saint Régis, retourné dans sa ville natale, continua, malgré l'opposition de sa famille, à prendre des leçons d'un prêtre catholique, et, au moment d'abjurer son erreur, il voulut recevoir, au tombeau miraculeux de son protecteur, l'eau du baptême et le pain de la communion.

Le jeune catholique a ramené déjà un de ses oncles à la foi qu'il a embrassée, et il travaille dans sa famille à de nouvelles conquêtes. Chaque année le voit revenir pour payer à saint Régis le tribut de la reconnaissance.

Un homme de la haute société avait accompagné sa femme à la Louvesc uniquement par complaisance, et pour ne pas se singulariser il se met à genoux devant l'autel de saint Régis. Cet homme, on le comprend, vivait éloigné des pratiques religieuses ; au bout de quelques instants il cherche à se relever sans pouvoir y parvenir ; il sent ses genoux attachés à la terre, c'est en vain qu'il fait des efforts, les plus grands efforts !... Eperdu, il essaie de se rendre compte de ce qui lui arrive, il veut raisonner et trouver le calme, mais il ne le peut pas et se sent *obligé* de promettre à saint Régis qui le retient captif qu'il se confessera sur-le-champ. Aussitôt, il se lève et va se jeter aux pieds d'un prêtre avec les signes de la plus sincère contrition.

Un autre jour, un jeune homme qui revenait de Paris où il avait terminé son droit, est entraîné par des parents et des amis au pèlerinage de la Louvesc. Une voix lui disait : « Tu t'y confesseras. — Non, répondait-il, je ne *veux* pas. » Mais la voix ne cessait de retentir en lui, et, entré dans la chapelle du Saint, l'attrait fut irrésistible, il se confessa *malgré lui,* disait-il. Le lendemain il communiait avec grande édification.

On en pourrait citer cent autres, ajoute le manuscrit dans lequel nous avons puisé.

Que de femmes, de jeunes filles ont été terrassées par la grâce sur le pavé de cette église! On a vu des hommes qui, avec une conversion inattendue et solide, y ont trouvé la vocation ecclésiastique ou religieuse, deux grâces de choix!

Nous appartenait-il, à aucun titre, de raconter la vie héroïquement sainte d'un des grands serviteurs de Dieu?

Aurons-nous su animer ce récit d'un souffle assez vivant pour que pénètre en quelques âmes un chaud rayon de cette charité de l'apôtre dont nous avons redit les prodigieux travaux et le plus prodigieux amour?

Notre but était-il trop haut, en sommes-nous restée trop loin?

Nous avons suivi avec joie, nous avons

admiré et nous avons aimé l'âme si généreuse près de laquelle cette étude nous a longtemps fait vivre. Veuille Dieu la bénir pour les pauvres et pour sa gloire !

RELATION

De la cérémonie faite dans l'église de Saint-Pierre à Rome, en 1716, pour la Béatification du Vénérable serviteur de Dieu Jean-François Régis, Religieux Prêtre de la Compagnie de Jésus.

Dans la dernière Assemblée de la Sacrée-Congrégation des Rites, tenue en présence de notre saint Père le Pape Clément XI, au sujet de la Béatification du Vénérable Jean-François Régis, de la Compagnie Jésus; il fut dressé un Décret en datte du septième mai de cette année 1716, pour déclarer qu'on pouvait désormais en toute sureté procéder à la solennité de la Béatification de cet homme apostolique, ses vertus héroïques et ses miracles éclatants ayant déjà été mûrement examinés et approuvés avec toutes les formalités accoutumées.

Sur quoi dès le lendemain huitième mai, il plut à Sa Sainteté d'expédier un Bref, digne certainement de sa rare piété et de l'élévation de son génie, où après avoir exalté avec une éloquence toute sacrée le mérite du Vénérable serviteur de Dieu, Sa Sainteté fixa cette célèbre cérémonie au vingt-quatrième du même mois de mai, qui tombait justement au dimanche dans l'Octave de l'Ascension de Notre-Seigneur.

Dès qu'on eut appris sur cela l'intention de Sa Sainteté, le Révérend Père Jean-Joseph Guibert, assistant de la Compagnie de Jésus pour les Provinces de France, et procureur spécial pour la cause de cette Béatification, commença à prendre les mesures et à donner les ordres nécessaires pour la décoration de l'Eglise de Saint-Pierre, et pour les autres préparatifs convenables à cette auguste solennité.

L'exécution répondit parfaitement à ses soins, et le succès surpassa de beaucoup son attente. En effet on peut dire qu'on n'a pas vu à Rome de pareille Fête attirer un plus grand concours, et recevoir plus d'applaudissements.

La grande face de l'église fut couverte de peinture, qui plurent beaucoup par elles-mêmes et par le bel ordre dont elles étaient disposées. On voyait dans le milieu du frontispice le Bienheureux représenté en grand, le Crucifix en main, et le regard fixé vers le ciel. Deux anges paraissaient au-dessus portant un lys et une couronne, et un troisième, déployant un rouleau qui portait en gros caractère cette Inscription : *Beatus Joannes Franciscus Regis societatis Jesu.*

Ce grand Tableau avait pour support les armes

du Souverain-Pontife régnant, d'une part ; de l'autre, celles du Roi Très Chrétien ; toutes les deux surmontées par une Renommée, de qui la trompette semblait publier la gloire du Bienheureux, et inviter tout le monde à la solennité. Dans les deux côtés, sur chacune des petites portes de la façade, étaient encore deux écussons très bien ornés, l'un aux armes de la Compagnie de Jésus ; l'autre à celles du Chapitre de cette auguste Basilique.

L'intérieur du vestibule était superbement paré d'une tenture de tapisseries les plus magnifiques qu'ait le Pape, et qui n'avait jamais paru que pour la solennité de la Fête-Dieu. C'est l'ouvrage du fameux Raphaël d'Urbin, lequel y a représenté en or et en soie les mystères de Notre-Seigneur, d'une manière si vive et si animée, qu'on croit voir les choses s'y passer au naturel. En cet endroit, s'élevait au-dessus du grand portail, par où l'on entre dans l'église, un autre grand tableau soutenu par deux anges, où l'on voyait représenté le miracle que Dieu a si souvent opéré par l'intercession du Bienheureux, en multipliant le blé dans les temps de disette pour le soulagement des pauvres, avec cette inscription jetée au-dessus : *Sæpe multiplicat frumentum ad alendos pauperes.*

Mais au dedans de l'église, on peut dire que tout ce qui s'offrait à la vue, portait avec soi l'image et l'idée de la splendeur et de la magnificence. Toute cette vaste nef était tendue depuis la voûte jusqu'au rez-de-chaussée de damas rouge et cramoisi, relevé de deux en deux pieds d'un galon d'or large de quatre doigts, et tout le long de la corniche régnait une crepine d'or pendante de quatre pieds qui entourait généralement tout l'intérieur de l'église.

Dans tout cet espace, qui s'étend depuis le sépulcre des saints Apôtres, qui est directement sous le dôme, jusque au fond de l'église, où est placée la chaire de saint Pierre, on avait élevé une manière d'estrade, ou théâtre magnifique, à la hauteur de plusieurs degrés pour y tenir la chapelle, où devait se faire la cérémonie. Ce pompeux théâtre ainsi élevé dans une étendue de cent et dix palmes en longueur, sur une largeur proportionnée, fournissait de quoi placer commodément toute la Congrégation des Rites, avec le nombreux clergé de Saint-Pierre, et mettait la cérémonie parfaitement en vue au peuple infini qui y était accouru.

Sur le Maître-Autel, tout au fond de ce sanctuaire, se voyait en perspective un troisième tableau de 20 palmes de haut sur 16 de large, où était dépeint le Bienheureux Jean-François porté dans le ciel par les anges, ouvrage du célèbre peintre Dominique Muratori. Ce tableau, ainsi posé sur l'autel, atteignait de sa hauteur jusqu'à la chaire de saint Pierre, qui par là lui faisait un riche couronnement, et en même temps il remplissait en largeur le vide que laissaient les fameuses statues des quatre Docteurs de l'Eglise, qui soutiennent la Chaire, et qui ce jour-là semblaient ne servir que d'accompagnement au tableau.

Dans les deux ailes de ce théâtre s'étendaient deux superbes galeries à la hauteur de 15 pieds, toutes couvertes de damas chamarré d'or, l'une pour le serenissime Prince électoral de Bavière avec son nombreux cortège : l'autre pour les Princesses et Dames Romaines, invitées à la cérémonie par l'Illustrissime Dame Madame Marie-Bernardine Albani, belle-sœur du Pape.

On avait formé quatre différents chœurs de musique des plus célèbres Musiciens de Rome, qui furent placés sur de grands échaffauds ornez très proprement, où furent chantées durant la Messe et les Vêpres des pièces du sieur Scarlati Maître de la Chapelle de Saint-Pierre, d'une composition toute nouvelle.

La Confession de saint Pierre (c'est ainsi qu'on nomme le magnifique Mausolée où reposent les corps des saints Apôtres) était ce jour-là parée d'une manière qui en faisait un spectacle extra-ordinaire d'admiration. Le Pavillon qui lui sert de couronnement était surmonté de quantité de riches bannières qui pendaient du haut du dôme, l'autel était paré et revêtu d'or massif, et l'illu-mination en était si prodigieuse et en même temps si bien ménagée, que la lumière reflechie de tous côtés par l'éclat et la richesse de la décoration, donnait un air extraordinaire de grandeur et de beauté à cet auguste temple, si admirable d'ailleurs par lui-même, et semblait en faire une brillante image de la gloire.

Tout étant disposé en cette manière, sur les dix heures du matin, les spectateurs placés, et le peuple en foule dans l'église, Messeigneurs les Cardinaux qui s'étaient déjà assemblés avec leurs consulteurs dans la sacristie en sortirent deux à deux pour se rendre au théâtre qui leur était destiné. Ensuite Monseigneur Nicolaï Archevêque de Mire, et Vicaire de l'Eminentissime Cardinal archiprêtre, invité par le Père assistant à célébrer la messe solennelle, sortit aussi de la sacristie revêtu d'aube, en étole et pluvial blanc, la mitre en tête, assisté de deux chanoines de cette église, tout le clergé étant rangé processionnellement sous la Croix avec son Eminence Monseigneur le cardinal archiprêtre. Ils allèrent d'abord en cet ordre à l'adoration du Saint-Sacrement, et puis, s'étant prosternés devant le corps des saints Apôtres, ils se rendirent au lieu destiné pour la cérémonie. Etant arrivés, le Prélat officiant s'avança jusqu'au pied de l'autel, et y ayant fait une profonde inclination se retira à côté et s'assit dans le Fauteuil qui lui était préparé. Les cardinaux étaient déjà rangés à la droite sur des sièges couverts de brocart, et après eux leurs consulteurs. Vis-à-vis était placé l'Eminentissime cardinal Albani archiprètre de l'église avec tout son clergé. Dans les autres rangs inférieurs venaient les bénéficiers de Saint-Pierre et autres ecclésiastiques d'une part, et de l'autre les PP. Jésuites avec leurs séminaristes. Une nombreuse noblesse occupait le Parterre, au milieu de cette auguste assemblée.

Au moment que tout fut placé, un Maître des cérémonies alla prendre le secrétaire de la Congrégation, Monseigneur Tedeschi Evêque de Sipari, et le conduisit à l'Eminentissime Cardinal d'Adda préfet de la Congrégation; tandis que le R. Père assistant, conduit de son côté par un second maître des cérémonies, se présenta aussi à son Eminence, et lui ayant produit le Bref de la Béatification, le consigna très respectueusement entre ses mains, suppliant son Eminence, en termes très précis, de vouloir en ordonner l'exécution. Son Eminence ayant reçu le Bref des mains du R. P. assistant, le fit porter aussitôt par le secrétaire à l'Eminentissime Cardinal Archiprêtre, qui comme Chef de cette église en ordonna incessamment la lecture. Sur quoy le Chapelain de Saint-Pierre, assisté du notaire de la Congrégation, monta en chaire, et fit à voix haute la lecture du Bref, qui fut écouté avec tout le respect et l'applaudissement qu'il mérite.

Le Bref étant lu et remis à un Jésuite, qui était là pour le recevoir, on dévoila les trois Tableaux du Bienheureux qui jusques là avaient demeuré couverts. Le signal en fut donné par le bruit harmonieux de la symphonie et des trompettes, qui commencèrent à sonner dans l'église. Un grand nombre de boëtes, qu'on avait monté dans la grande place, tirèrent en ce moment, et se firent entendre avec un grand bruit de trompettes et de cymbales. Toute la Ville fut par là avertie de l'ouverture de la cérémonie, et on répondit du château Saint-Ange par une salve générale de toute l'Artillerie : ce qui, joint au son des Cloches de toutes les églises et collèges de la Compagnie de Jésus, excita dans tous les quartiers de Rome de vifs sentiments d'une sainte allégresse. Cependant dans l'église, et sur la place de Saint-Pierre, tout le monde se tenait prosterné devant les Images du Bienheureux avec un saisissement de respect et de dévotion, dont chacun fut attendri jusqu'à répandre bien des larmes. Mais enfin, après quelques momens de silence, le Prélat officiant se levant de sa place entonna le *Te Deum laudamus,* qui fut chanté par la Musique avec le concert de toute sorte d'Instrumens, et de plus de 120 voix, dont l'harmonie faisait un effet qu'il est difficile d'imaginer. L'hymne étant fini avec le verset : *Ora pro nobis B. Joannes Francisce,* etc., le Prélat officiant chanta pour la première fois l'oraison propre du Bienheureux, laquelle exprime parfaitement ce qui a fait son principal caractère : savoir une charité sans bornes, et une patience invincible dans les travaux du Ministère apostolique. Ensuite ayant encensé le Tableau par trois fois, il se retira à son Siège, pour y être revêtu des habits Pontificaux propres de la Messe.

Dans cet intervalle le R. Père Assistant s'avança du côté des Cardinaux, et eut l'honneur de leur distribuer à chacun la copie du Bref, l'abrégé de la vie du Bienheureux, avec son portrait, tiré sur un satin relevé d'une belle broderie d'or. On en distribua pareillement aux Consulteurs de la Congrégation, aux Chanoines et aux autres membres du clergé. Plusieurs Jésuites se partagèrent le soin d'en porter une infinité dans les Galeries et dans les Corps de l'Eglise, et on en donnait partout avec le Portrait, le Bref et l'abrégé de la vie du Bienheureux. Presque tout le monde s'attacha d'abord à lire cette vie, et on remarqua que plusieurs s'en occupèrent durant toute la Grand'Messe, aussi était-elle écrite dans un goût exquis, et d'un stile tout à fait digne d'un sujet si édifiant.

La Messe fut celle du Commun des Confesseurs non Pontifes : *Os justi meditabitur*, etc. Elle fut célébrée avec toute la pompe que peut inspirer la religion. Sa Sainteté qui avait bien voulu accorder une Indulgence plénière, pour tous ceux qui ce jour-là viendraient visiter l'église de Saint-Pierre, y vint Elle-même l'après-midy, faire une assez longue station devant le Tableau du Bienheureux dont elle porte le nom. Comme Elle allait à son prie-Dieu, le Révérend Père général des Jésuites, avec le Père assistant de France, s'étant avancez de ce côté, eurent l'honneur de lui offrir le Portrait et la vie du Bienheureux, enrichis d'une broderie en bosse d'un très bon goût. Il n'est pas croyable quelle fut en cette occasion l'affluence du peuple. On faisait état de plus de dix-huit mille âmes assemblées dans Saint-Pierre dez le commencement de la cérémonie. Le concours fut extraordinaire tout le long du jour, chacun s'empressant d'aller honorer le Bienheureux devant ses Images, lesquelles demeurèrent toute la journée exposées à la vénération publique.

TABLE DES MATIÈRES

Bar-le-Duc. — Typ. de l'Œuvre de St-Paul. L. Philipona et Cie — 1191

Bar-le-Duc. — Typ. de l'Œuvre de St-Paul, L. PHILIPONA et Cᵉ — 1191